Kleine Reihe der Gesellschaft für Flensburger Stadtgeschichte e.V.
Heft 30

Zur Titel-Abbildung:

„Sie hieße Sara, wäre 48 a[ut = oder] 49 Jahr alt,
eine Jüdin, zu Berlin gebürtig, an
Nathan David verheyrathet und
wäre verwichenen Michaelis von
Itzehoe hieher gekommen ..."

(aus: Stadtarchiv Flensburg A 37g , Nr. 39:
Criminalprozeß gegen 3 Juden, 1764-1768)

Kleine Reihe der Gesellschaft für Flensburger
Stadtgeschichte e.V · Heft 30

Katrin Anders

Sara, Ester, Thobe und Hanna.
Vier jüdische Frauen am Rande
der Gesellschaft im 18. Jahrhundert

Eine mikrohistorische Studie
unter Verwendung Flensburger Gerichtsakten

Flensburg 1998

Die Gesellschaft für Flensburger Stadtgeschichte veranstaltet Vorträge sowie Ausstellungen und publiziert mehrere Schriftenreihen. Bis heute sind 52 Werke in der „Großen Reihe" und 30 Titel in der „Kleinen Reihe" erschienen.

Mitglieder und Interessierte erreichen die Geschäftsstelle unserer Gesellschaft im Flensburger Rathaus, Raum U12. Herr Lützow und Herr Schmidt stehen dort während folgender Öffnungszeiten - auch unter der Rufnummer 0461/852850 - zur Verfügung: mittwochs 9.00-13.00 Uhr / 14.00 - 17.00 Uhr sowie freitags 9.00 Uhr - 13.00 Uhr.

Der Mitgliederjahresbeitrag beträgt DM 25,- und ermöglicht den Erwerb der Gesellschaftspublikationen zum überaus günstigen Vorzugspreis. Nichtmitglieder können die Schriften der Gesellschaft zum Normalpreis über den Buchhandel beziehen.

Vorstand: Dr. Volker Willandsen (Vorsitzender), Dr. Broder Schwensen (Schriftführer), Georg Müller (Schatzmeister), Sven Ole Arnkjaer, Hans A. Dethleffsen, Monika Meyer, Peter Rautenberg, Brigitte Rosinski, Gert Roßberg, Dr. Ulrich Schulte-Wülwer, Ties Tiessen.

Alle Rechte vorbehalten
Copyright 1998 by Gesellschaft für Flensburger Stadtgeschichte e.V.

Druck und Satz: Druckerei Severin Schmidt, Flensburg

ISBN 3-925856-36-6

Inhalt

1. Zur mikrohistorischen Methode 7

2. Zur Lage jüdischer Unterschichten in der Frühen Neuzeit

2.1. Juden in Schleswig-Holstein 15
2.2. Armenfürsorge in jüdischen Gemeinden 16
2.3. Betteljuden 18
2.4. Hausierer 19
2.5. Gauner 22

3. Stellung der Frau innerhalb der jüdischen Gemeinschaft

3.1. Tradition und Gemeinde 24
3.2. Unterschicht 27

4. Der Flensburger Prozeß

4.1. Die Rahmenhandlung 29
    4.1.1. Inquisiten und Inquirenten 29
    4.2.2. Anklage, Prozeßverlauf und Urteile 34

4.2. Die Frauen 39
    4.2.1. Sara 40
    4.2.2. Ester 48
    4.2.3. Thobe 51
    4.2.4. Hanna 53

5. Analyse

5.1. Das familiale Umfeld 56
    5.1.1. Aufgaben- und Machtverteilung 58
    5.1.2. Die Ehe 62
    5.1.3. Affektive Verhältnisse innerhalb der Familie 64

   5.2. Unterwegs 65
       5.2.1. Räume, Wege und Stationen 66
       5.2.2. Erwerbsquellen und Kontakte 66
       5.2.3. Verhältnis zum nichtjüdischen Umfeld 72
       5.2.4. Vor Gericht 86
       5.2.5. „Lebensqualität" 92

6. Schlußbetrachtung 97

7. Anhang

   7.1. Gedruckte Quellen 99
   7.2. Archivalische Quellen 99
   7.3. Literaturverzeichnis 100
   7.4. Anmerkungen 105

Danksagung

Das vorliegende Buch ist eine geringfügig veränderte Version meiner Magisterarbeit, die im Sommersemester 1997 an der Kieler Christian-Albrechts-Universität angenommen wurde und durch das Interesse und Engagement von Herrn Professor Dr. Ulbricht besondere Förderung erfahren hat. Für vielfältige Anregungen möchte ich ihm herzlich danken.

Mein Dank gilt des weiteren Alexandra Lutz, Heinke Schumacher und Dr. Joachim Ott, die mich durch gründliches und kritisches Korrekturlesen auf so manche Schwachstelle aufmerksam machten.

Durch Einrichtung einer Fernleihe-Verbindung wurde mir von seiten der kooperierenden Stadtarchive Flensburg und Kiel ein intensives, mehrmonatiges Quellenstudium ermöglicht.

Der Gesellschaft für Flensburger Stadtgeschichte, insbesondere Herrn Dr. Schwensen, danke ich zudem sehr für die großzügige Unterstützung bei der Drucklegung.

Kiel, im November 1998

Katrin Anders

1. Zur mikrohistorischen Methode

„In der östlichen, dem Rathhaushofe zugekehrten Mauer des im Jahre 1767 neu erbauten Flensburger Stadtgefängnisses oder s.g. Thurm's, befindet sich eine, nunmehr durch einen Vorbau den Blicken entzogene Steinplatte, in welche das Bild zweier mit Ketten belasteten Gefangenen als Basrelief eingemeißelt ist. Die Tradition hat diese bildliche Darstellung mit jenen torquirten Juden, welche die ersten Bewohner des Gefängnisses gewesen sein sollen, in Verbindung gebracht und in der Stadt das Andenken an die letzten Gefangenen, welche hier die Tortur haben ausstehen müssen, in mehr als hundert Jahren erhalten."[1]

Steinrelief für das 1766 erbaute Stadtgefängnis (Entwurfszeichnung Johann Thiel, Stadtarchiv Flensburg A 235 Bd. 3, Beilage cd. p. 1298)

So schreibt Adolf Wilhelm Wolff im Jahr 1872, unter dem Eindruck seiner Beschäftigung mit einem aufsehenerregenden und außergewöhnlichen Flensburger Kriminalprozeß.[2] Gegen drei wegen Diebstahls angeklagte Juden war vier Jahre lang, von 1764 bis 1768, prozessiert worden, und in dieser Zeit ist eine erstaunliche Menge an Aktenmaterial entstanden. Drei voluminöse handschriftliche Bände im Flensburger Stadtarchiv[3] zeugen von den weitschweifigen Untersuchungen und erlauben Einblicke in verschiedene Aspekte jüdischen Unterschichtlebens vor der sogenannten Emanzipation.[4] Sie ermöglichen damit den Versuch, einen großen weißen Fleck in der Forschung mit einigen Farbtupfern zu versehen. Es geht dabei um die Frauen, die sich in diesem Milieu bewegten, vagierende Jüdinnen in ihrem Familienverband und in einem nichtjüdischen Umfeld. Bis jetzt hat sich die Forschung mit jüdischen Unterschichten,[5] mit Vagantinnen[6] und bessergestellten jüdischen Frauen[7] beschäftigt. Den Frauen der vagierenden jüdischen Unterschicht jedoch ist bisher keine Aufmerksamkeit gewidmet worden. Sie tauchen in Festnahme- und Signalementslisten kaum auf,[8] haben keine Selbstzeugnisse hinterlassen, und in den großen Prozessen gegen jüdische Räuberbanden spielen sie kaum eine Rolle.[9] So ist es nicht verwunderlich, daß sie bisher weder von der sozialgeschichtlich orientierten noch von der biographischen Einzelfällen zugewandten Forschung beachtet wurden. Die schwierige Quellenlage ist wohl auch der Grund, warum auch neuere alltagsgeschichtliche und kulturanthropologische Untersuchungen diese Frauen und ihre Lebenswelt noch nicht thematisiert haben.

Auch in dem Flensburger Prozeß von 1764 - 1768 sind sie nicht die „Hauptpersonen", doch haben einige Umstände bewirkt, daß Frauen im Umfeld der drei angeklagten Juden ebenfalls Gegenstand der Ermittlungen waren. Einer dieser Umstände liegt in der Person des Anklägers begründet, dessen ehrgeiziges Ziel es war, nicht nur die Inquisiten zu überführen, sondern auch seine Annahmen über jüdische Familien zu bestätigen, d.h. nachzuweisen, daß sie gefährliche kriminelle Vereinigungen seien. Daher waren für ihn auch die Frauen von Interesse, und zwar so sehr, daß er auch andere Gerichte um Informationen über Mitglieder der Familien der Angeklagten ersuchte. Im Falle der Familie des Juden Nathan David hatte er Erfolg, und so findet sich in den Flensburger Akten auch das - wenngleich nicht sehr umfangreiche - Protokoll eines Rendsburger Prozesses gegen Nathan Davids Frau und deren Schwägerin, seine Schwester.

Des weiteren existieren viele Aussagen von Zeugen, die mit der Verwandtschaft Nathan Davids Kontakt hatten. Angaben der angeklagten Männer über ihre Frauen, das Verhör der Ehefrau Philipp Salomons und etliche andere, kleinere Hinweise eignen sich für eine Auswertung. Allerdings müssen bei der Interpretation von Gerichtsakten im Hinblick auf Alltag, Mentalität und Lebenswelt generell sich ergebende Schwierigkeiten wie zum Beispiel die obrigkeitliche Perspektive, die fehlende Benennung von Befindlichkeiten und die naturgemäß eingeschränkte Wahrheitsliebe nicht nur der Angeklagten, sondern auch der Zeuginnen und Zeugen, immer beachtet werden.[10]

Diese Arbeit wird keine fertigen, allgemeingültigen Antworten liefern, sie untersucht und interpretiert einen Einzelfall. Die Ergebnisse eignen sich jedoch, gängige Vermutungen etwa über die Bindung an Religion und Tradition und über die Zurückgezogenheit, die Beschränkung auf den häuslichen Bereich, in Zweifel zu ziehen. Es soll versucht werden, ein möglichst umfassendes Bild der im Flensburger Prozeß Erwähnung findenden Frauen, ihrer Lebensumstände, ihrer Möglichkeiten und Grenzen und ihrer Lebenseinstellung zu zeichnen. Wie bewegen sie sich in ihrem Lebensumfeld, wie wirkt es auf sie, wie empfinden sie es? Welche Probleme stellen sich ihnen, und welche Lösungsmöglichkeiten sehen sie? Sind sie nur Opfer von Unterdrückung und Diskriminierung, oder setzen sie ihrer schwierigen Umwelt aktiv etwas entgegen? Wie wirken sie auf ihr Umfeld? Es ergeben sich im Laufe einer solchen Untersuchung immer mehr Fragen, und mitunter scheint es, als ob mehr Fragen aufgeworfen als beantwortet werden. Doch auch Fragen, die nicht vollkommen geklärt, Überlegungen die letztlich nicht verifiziert werden können, haben ihren Wert. Auch sie helfen, sich einer so fremden Welt zu nähern und die Wechselwirkungen zwischen der einzelnen Persönlichkeit und ihrem Umfeld zu erkennen.

Solche Fragestellungen lassen sich nicht bearbeiten, wenn lediglich versucht wird, aus großer Distanz Muster und Entwicklungslinien zu identifizieren, die sich immer gleich oder zumindest ähnlich wiederholen. Auf Feinheiten und Details, die wiederum auf größere Zusammenhänge schließen lassen können, wird man nur aufmerksam, wenn man sich auf den Weg in die Lebenswelt einzelner Individuen macht, sich dort umschaut und versucht zu verstehen.
„Mit dem Begriff `Lebenswelt´ ist die - mehr oder weniger deutlich - wahrgenommene Wirklichkeit gemeint, in der soziale Gruppen und Individuen sich verhalten und durch ihr Denken und Handeln wiederum Wirklichkeit produzieren."[11]
Es wird schnell deutlich, daß die Analyse einer fremden Lebenswelt kompliziert und mitunter verwirrend ist. Deshalb erscheint es sinnvoll, einige Ansichten und methodische Grundsätze, auf denen diese Arbeit fußt, im Vorwege zu benennen.
Was hier näher angeschaut werden soll, ist eine vergangene, von verschiedenen Menschen unterschiedlich erfahrene, empfundene, gedeutete und veränderte Wirklichkeit, ein Netz aus sozialen Beziehungen, aus Normen und Institutionen. Diese Lebenswelt prägt den einzelnen Menschen und wird gleichzeitig von ihm beeinflußt. „Objektives" und „Subjektives" verschmelzen in unterschiedlicher Mischung, die jedoch meist kleineren oder größeren Veränderungen unterliegt. Zudem kann ein Mensch freiwillig oder gezwungenermaßen seine Lebenswelt verlassen und in andere „eintreten und

dabei von jener Bleibendes mitnehmen, das gleichwohl nicht dasselbe bleibt. Er kann in verschiedenen Lebenswelten gleichzeitig leben."[12] Letzteres ist übrigens, wie sich zeigen wird, ein wichtiger Aspekt für die Subsistenzsicherung der jüdischen Frauen, mit denen sich diese Untersuchung beschäftigt.

Um eine Lebenswelt in ihrer Komplexität zu erfassen, auch Aspekte wie Befindlichkeiten und die Funktionen von sozialen Beziehungen und einzelnen Handlungsweisen verstehbar zu machen, darf der Untersuchungsgegenstand eine bestimmte Größe nicht überschreiten, denn es gilt, auch die kleinsten Hinweise zu beachten und auszuwerten. Dabei ist Vollständigkeit im Erfassen und Einordnen von Einzelaspekten ein Ziel, das angestrebt wird, auch wenn es nicht erreicht werden kann.[13]

Gerichtsakten wie der Flensburger Kriminalprozeß eignen sich gut für eine solche mikrohistorische Herangehensweise,[14] denn in ihnen werden Begebenheiten aus verschiedenen Perspektiven dargestellt und viele beiläufige Informationen angeboten, die teilweise auf den ersten Blick unwichtig erscheinen. Betrachtet man dieses umgrenzte Material allerdings sehr intensiv, so werden auch kleinste Details zu unverzichtbaren Hinweisen auf vielleicht noch unerkannte Mechanismen und Bedeutungen des sozialen Diskurses. Welche Bedeutung haben zum Beispiel kleine Dienstleistungen und das Borgen von Geld für Verhältnis und Einstellung jüdischer und nichtjüdischer Unterschichtangehöriger zueinander? Gibt es Strukturen oder Widersprüche in Strukturen, die bestimmte Aspekte solcher Kontakte zwischen beiden Gruppen fördern? Wie äußern sich Zeugen und Ermittler bezüglich der Angeklagten und ihrer Aktivitäten? Erscheinen diese ihnen genauso außergewöhnlich wie uns, die sich mit ihnen befassen, weil sie, auffällig geworden, durch die Aufzeichnung von Gerichtsverhandlungen überliefert sind? Passen daraus gewonnene Erkenntnisse in ein bisheriges, aus der Vogelperspektive entstandenes Bild, oder läßt sich komplett Neues entdecken, wenn man näher herangeht?

Hier zeigt sich die Bedeutung des Perspektivwechsels, der wichtigsten Grundlage der Mikro-Historie.[15] Mit Hilfe einer Veränderung des Maßstabes wird nämlich nicht nur illustriert und veranschaulicht, was makrohistorische Untersuchungen an Ergebnissen bieten - diese Funktion wird der Mikrogeschichte gern als ihr einzig sinnvoller Beitrag zur Geschichtswissenschaft zugestanden -[16] sondern vorher Unentdecktes, auch Unvermutetes, wird sichtbar, und bereits Erforschtes kann anders beurteilt werden.[17] Kleine, bei oberflächlicher Betrachtung marginal erscheinende Indizien werden bei entsprechender Analyse zu wichtigen Hinweisen für eine Korrekturbedürftigkeit bisheriger Annahmen. Wenn sich jüdische Frauen im Gegensatz zu ihren Männern bei Datumsangaben an christlichen Feiertagen orientieren, so ist das einer von vielen kleinen Anstößen, neu über die Bewertung des Grades der Assimilation von Frauen und Männern der jüdischen Unterschicht an ihre nichtjüdische Umwelt nachzudenken.

Die penible Auswertung solcher Details kann Antworten auf lebensweltliche Fragestellungen hervorbringen, die wiederum entscheidend sind, um die Entstehung und das innere Funktionieren oder eben Nicht-Funktionieren von Strukturen zu erklären.[18] „Eine Geschichtswissenschaft, die von Theorien ausging, und vornehmlich an Strukturen, Prozessen und Bewegungen interessiert war, die stark quantitativ und seriell arbeitete",[19] übersah genau diese Aspekte, gestand sie doch dem Individuum vor allem der Unterschichten keine mitgestaltende sondern nur eine erduldende Rolle zu. So ist die Mikrogeschichte auch und möglicherweise vor allem als Reaktion auf die Vernachlässigung des historischen Subjekts zu verstehen.[20] Und als „historisches Subjekt" gilt in ihr eben nicht nur der wichtige Herrscher oder Denker, sondern auch die vagierende Jüdin, deren Lebens- und Einflußbereich vielleicht nicht über die Unterschichtquartiere einiger norddeutscher Städte und Dörfer hinausging.

Ganz ohne Zweifel kommen intensive Untersuchungen solch kleiner Räume der Lebenswirklichkeit wesentlich näher als solche, die sich auf die Auswertung von Statistiken beschränken. So scheint es notwendig, „von der gleichzeitigen Existenz einer Vielzahl von Wirklichkeiten auszugehen, die kleineren sozialen Einheiten nicht als `Ausdruck einer fernen zentralen Kraft´ zu behandeln, sondern ihnen Restautonomie zuzugestehen. Das Einzelne ist für den gesellschaftlichen Prozeß nicht nur in seiner Ausrichtung auf das Ganze bedeutsam, sondern wird zum `konstitutiven Bestandteil' von Wirklichkeit."[21]

Das heißt auch, daß das Arbeiten mit dem „Symbolinstrument Mikroskop"[22] nicht bedeutet, lediglich Kleines anzuschauen, sondern „im Kleinen" zu schauen. Diese experimentelle Untersuchung sozialer Beziehungsnetze und Handlungszusammenhänge ist auch „Detailgeschichte des Ganzen".[23]

So soll der einzelne Mensch in einer Gesellschaft als ein Wesen gesehen werden, „das in sich auch die Brüche und Widersprüchlichkeiten der Gesellschaft trägt",[24] die ihm wiederum, selbst in betont regelungsfreudigen Systemen, eine gewisse Handlungsfreiheit ermöglichen, welche gerade für Unterschichtangehörige zu ihrer Subsistenzsicherung unerläßlich ist, ein Aspekt, der auch bei der Analyse der Überlebensstrategien von Frauen der jüdischen Unterschicht deutlich wird.

Die Untersuchung ihrer Lebenswelt ist nur durch geeignetes Quellenmaterial möglich geworden. Das heißt nicht zuletzt, daß sich die Fragestellungen großenteils erst aus den Möglichkeiten, die die Akten bieten, ergeben.[25] Im Gegensatz zu seriell angelegten Untersuchungen ist die Herangehensweise hier eine, die den Zufall miteinbezieht. Die vorhandenen Hinweise bilden die Grundlage für die Thematik; Probleme und neue Sichtweisen ergeben sich nach und nach im Laufe der Betrachtung und Analyse des reichlichen Materials. So wird verhindert, daß Quellen lediglich als Lieferanten illustrativer Beispiele für Vorannahmen genutzt werden. Der Blick auf vergangene Lebenszusammenhänge scheint am wenigsten verstellt, je ergebnisoffener ihre Untersuchung angelegt ist. Die Wahl des Mikroskops statt der Schablone bedeutet, die „Quellen in ihrer Sperrigkeit ernst zu nehmen und immer wieder zuzulassen, daß sich Einschätzungen verändern, klare Antworten wieder unklar werden."[26]

Die mikrohistorische Methode, die auch meinem Bemühen, die Welt von vier jüdischen Frauen aus Prozeßakten herauszulesen, zugrundeliegt, wird von Rudolf Vierhaus als ein Vorgang beschrieben, „der insofern dem des Ethnologen und Anthropologen analog ist, als der Historiker Beobachtungen und Informationen aus Überresten und Überlieferungen und einem Prozeß der sich gegenseitig kontrollierenden Interpretation und der dichten Beschreibung also des Lesens und Wiederlesens, des Formulierens und Reformulierens in eine in sich kohärente Darstellung einbringt - immer bereit, Vor-Annahmen und aus gegenwärtiger Erfahrung gewonnene Deutungsmuster infrage zu stellen. Zu diesen Annahmen gehört auch, daß menschliches Denken, Empfinden und Handeln im Prinzip gleichartig und deshalb grundsätzlich verstehbar seien."[27]

Da es zu den Grundsätzen der Mikrogeschichte gehört, den Leser über diesen Prozeß nicht im unklaren zu lassen, sondern die daraus gewonnenen Erkenntnisse nachvollziehbar darzustellen, ist es unvermeidlich, daß viel aus dem Quellenmaterial zitiert wird[28] und Zitate auch wiederholt unter verschiedenen Gesichtspunkten „auseinandergepflückt" werden. Das ist einerseits mitunter mühsam, ermöglicht aber andererseits dem Leser, die Schlußfolgerungen zu überprüfen und vielleicht zu eigenen Einschätzungen zu gelangen. Dabei kann nicht übersehen werden, wie wichtig es ist, daß der Untersuchende sich seiner Subjektivität, seinem Erkenntnisinteresse, seiner eigenen Vorstellungen immer wieder bewußt wird, sich selbst und seinen Umgang mit dem Gegenstand kritisch überprüft.[29] Distanz und Nähe zur Quelle, die sich auch sprachlich zeigen, müssen einander abwechseln. Die Interpretation von Aussagen, Handlungen, sozialen Beziehungen, die oft nur von kleinen Hinweisen lebt, birgt zudem viele Gefahren, so beispielsweise die der zu starken Identifikation mit einem der untersuchten Charaktere, der unreflektierten Sympathie oder Antipathie und damit einhergehend auch der Überinterpretation. Durch die Einbeziehung des Lesers in den Dialog des Untersuchenden mit dem Untersuchten und den Erkenntnisprozeß, ist es jedoch möglich, eine neue Art von Objektivität zu erreichen. Eine Objektivität, die auf Transparenz basiert, ist möglicherweise ehrlicher als ein vielleicht nur durch technizistische Sprache und eine streng systematische Präsentation der Ergenbisse hervorgerufener Eindruck von Sachlichkeit.[30]

Wie sachlich kann denn eigentlich die Beschäftigung mit Menschen, auch mit solchen, deren Leben nur noch in jahrhundertealten Gerichtsakten zu betrachten ist, wirklich sein? Will man die historische Lebenswirklichkeit von jüdischen Vagantinnen „aus ihrem eigenen Lebens- und Erfahrungszusammenhang heraus entschlüsseln und darstellen,"[31] kann man sich nur vorsichtig und mit Deutungen experimentierend nähern und erliegt gar nicht erst der „altvertraute[n] geschichtswissenschaftliche[n] Selbsttäuschung, mit Hilfe des `richtigen' methodisch-begrifflichen Instrumentariums herausfinden zu können, `was wirklich geschah.' "[32]

Damit stellt sich die Frage nach der Bedeutung von Theorien in der mikrogeschichlichen Forschung. Mikrogeschichte mit ihren zahlreichen methodischen Anleihen aus benachbarten Disziplinen wie der Kulturanthropologie hat noch kein eigenes festgefügtes Programm, keine überall gleichermaßen anerkannte Technik des Umgangs mit Materialien und Fragestellungen.[33] Das macht sie angreifbar, und sie wird ja auch permanent angegriffen und mit dem Verdikt der Unwissenschaftlichkeit belegt, aber es macht sie auch flexibel. Die

Methode richtet sich nach dem Gegenstand und nicht umgekehrt. „Mikrogeschichte ist das, was ihre Praktiker tun", sagt Geertz.[34] Nach Befindlichkeiten einerseits und Strukturen andererseits zu fragen, ist kein Gegensatz und sollte auch nicht künstlich als ein solcher aufgebaut werden, um Grabenkämpfe in Gang zu halten. Verschiedene Ebenen sind wichtig, will man sich vergangenen Wirklichkeiten nähern, und so ist die Untersuchung der Lebenswelt von vier Frauen nicht als eine „phänomenologische Beschreibung eines abgekapselten und scheinautonomen gesellschaftlichen Kleinstgebildes" angelegt, sondern als „Reflexionszugang zu gesellschaftlicher Wirklichkeit."[35] Nicht bis ins letzte verifizierbar, aber dafür zum Nachdenken anregend und „zu differenzierender Betrachtung einladend"[36] ermöglicht sie Korrekturen von und Ergänzungen zu bisherigen Vorstellungen über die jüdische Unterschicht. Es ist hier möglich, durch eine Betrachtung kleinster Räume weitreichende Schlüsse zu ziehen, ohne diese wiederum als unumstößliche Wahrheiten zementieren zu wollen.

Vor dem für eine solche in kleinen Schritten vollzogene Analyse notwendigen „Eintauchen" in die Quelle sollte jedoch eine Bestandsaufnahme der Rahmenbedingungen stehen. Diese werden daher im folgenden beleuchtet, bevor dann mit einer ersten Vorstellung von Verlauf, handelnden Personen und Anklagepunkten die Annäherung an den Flensburger Prozeß beginnen soll.

2. Zur Lage jüdischer Unterschichten in der Frühen Neuzeit

2.1. Juden in Schleswig-Holstein

Obwohl sich die Situation der Juden in Schleswig-Holstein in einigen Punkten von den Bedingungen in anderen deutschsprachigen Gebieten unterschied,[37] ist auch hier für die Frühe Neuzeit eine deutliche Trennung zwischen privilegierten, seßhaften Juden und der umherziehenden Unterschicht festzustellen.
Die Landesherren der Herzogtümer hatten im 17. Jahrhundert begonnen, aus wirtschaftlichem Interesse die Ansiedlung von Juden zu fördern.[38] Dabei waren zunächst die weltgewandten und großenteils wohlhabenden Sepharden weit mehr willkommen als die aschkenasischen,[39] zumeist aus östlichen Gebieten wie Polen und Böhmen vertriebenen Juden, die in ihrer Lebensweise traditioneller ausgerichtet und finanziell schlechter gestellt waren als ihre portugiesischen Glaubensgenossen.[40]

Die Juden waren ins Land geholt worden, um durch ihre Erfahrung in Geldgeschäften und Welthandel daran mitzuwirken, die Finanztätigkeit des Staates auszuweiten, vom Zinsverbot befreit durch Leih- und Wechselgeschäfte das Geld- und Kreditsystem zu beleben. Gern gesehen wurde auch der Handel mit Luxusgütern wie Gold, Silber, Perlen und Edelsteinen.[41] Das landesherrliche Recht, Schutzbriefe und Privilegien regelten dieses Geben und Nehmen genau. Dennoch gestaltete sich die angestrebte Entwicklung, das Aufblühen neugegründeter oder wachsender Städte wie Glückstadt, Friedrichstadt, Altona und Rendsburg meist nicht wie erhofft. Statt der vielversprechenden Sepharden bestimmten bald die Aschkenasen das Bild der Gemeinden, von denen statt des großen Welthandels und Kreditgeschäfts hauptsächlich Klein- und Hausierhandel sowie die Pfandleihe betrieben wurden.[42] Schwierigkeiten ergaben sich zudem durch die massiv vorgebrachten Bedenken einheimischer Händler, die in den Juden eine zu Unrecht bevorteilte Konkurrenz sahen und gegen deren Privilegien protestierten.[43]
Um weder wirtschaftlichen Nachteil noch den Unmut der Bevölkerung zu riskieren, suchten daraufhin sowohl die Obrigkeit als auch die jüdischen Gemeinden selbst, den Zuzug sozial schwacher jüdischer Familien zu verhindern. Diese fühlten sich auf ihrer Suche

nach einer neuen Heimat von den im Vergleich zu anderen deutschsprachigen Gebieten relativ liberalen Regelungen der dänischen Herrschaft angezogen, zumal es dort eine gewisse Rechtssicherheit gab, nicht zu verwechseln allerdings mit Rechtsgleichheit.[44]

Betroffen von dieser Art der Ausgrenzung war auch die Familie des Nathan David, deren Lebensführung in den Flensburger Prozeßakten große Aufmerksamkeit gewidmet wird. Auf ihren vielen Reisen kamen Familienmitglieder zwar unter anderem nach Altona, Elmshorn und Rendsburg, alles Orte, in denen zu damaliger Zeit bereits jüdische Gemeinden zu finden waren,[45] blieben dort aber nicht. In Rendsburg-Neuwerk war durch ein Privileg des dänischen Königs von 1692 eine recht große Provinzgemeinde entstanden. 1769 lebten dort immerhin 147 Juden.[46] Doch die Verwandten des Nathan David haben, wie auch er selbst, in einem anderen Stadtteil Rendsburgs gewohnt, und das auch nur für kurze Zeit. Der Hauptaufenthaltsort der Familie lag in der Nähe Flensburgs, in dem zur damaligen Zeit kein organisiertes jüdisches Leben zu verzeichnen war.[47]

Das besondere Interesse jüdischer Gemeinden, solche Familien auf Abstand zu halten, hatte seine Ursache unter anderem in dem Problem der Armenversorgung, die traditionell ausschließlich auf ihren Schultern ruhte.[48]

2.2. Armenfürsorge in jüdischen Gemeinden

Die Fürsorge für jüdische Arme wurde seit Bestehen aschkenasischer Gemeinden im mitteleuropäischen Raum[49] alleinverantwortlich und ohne Hilfe der christlichen Obrigkeit durch Institutionen und Gesetze innerhalb der Gemeinden geregelt. Die aktiven und vollberechtigten, weil steuerzahlenden Gemeindemitglieder, oftmals in Bruderschaften zusammengeschlossen, organisierten für die ortsansässigen Armen die Unterbringung in gemeindeeigenen Hospizen, Speisungen, die Witwenversorgung sowie den Schulbesuch für mittellose Kinder.[50]
Gleichzeitig wurde versucht, Gemeindearmen zu Lohn und Brot und damit zur Eingliederung in das Gemeindeleben zu verhelfen, indem man sie als Gemeindebedienstete oder private Dienstboten beschäftigte. Es herrschte eine klare Trennung zwischen denen, die, von der christlichen Obrigkeit privilegiert, Waren- und Geldhandel

betrieben und jenen, die nur durch diese wohlhabenderen Gemeindemitglieder Aufenthaltsrecht und Broterwerb erlangen konnten, also Gemeindebediensteten, Knechten, Mägden und Hauslehrern.[51] Völlig mittellose auswärtige Juden allerdings wurden meist gar nicht erst in die Gemeinde aufgenommen. Schon zu der Zeit, als das von den bessergestellten Gemeindemitgliedern getragene System der Wohltätigkeit noch funktionierte, machte man Unterschiede zwischen ortsansässigen und fremden Armen. Letztere hatten zwar das Recht, für eine Nacht bei einem Gemeindemitglied unterzukommen und dort auch mit Essen versorgt zu werden, wurden dann jedoch, oftmals mit etwas Geld versehen, auf Weiterreise in die nächste jüdische Gemeinde, zum nächsten Wohltäter geschickt.[52]

Im 18. Jahrhundert wandelte sich der Umgang jüdischer Gemeinden mit Bedürftigen in ein regelrechtes Schubwesen.[53] Jüdische Armut war zu einem Massenphänomen geworden und überforderte die gemeindeinternen Möglichkeiten, so daß der Wunsch nach Abgrenzung bei dem gehobenen Mittelstand in dem gleichen Maße anwuchs wie die Zahl der jüdischen Bettler und Vaganten. Dies spiegelte sich besonders deutlich darin wieder, daß die jüdischen Gemeinden nun ihre Auffangeinrichtungen für Arme vor die Tore der Stadt verlegten. Von dort wurden die Bedürftigen dann nach kurzem Aufenthalt und dem Vorbringen ihrer Anliegen wieder fortgeschickt.[54]

So wurden die etablierten Gemeindemitglieder entlastet, hatten sie sich doch bereits massiv über die aus der großen Zahl fremder Bedürftiger entstehenden Zumutungen und die hohen Kosten beschwert. Und nicht nur die unangenehme Situation, ungepflegte, möglicherweise ansteckend kranke und zum Teil unverschämte Fremde in der eigenen Wohnung beherbergen und verpflegen zu müssen, war der Grund für den wachsenden Unmut.[55] Es bestand außerdem die Befürchtung, die Ablehnung der christlichen Bevölkerung könne sich weiter steigern angesichts so vieler Glaubensgenossen, die nicht gerade zu einem besseren Ansehen der ohnehin stets mißtrauisch beäugten Juden beitrugen. Zudem barg die Aufnahme und Eingliederung fremder Armer die Gefahr zukünftiger Konkurrenz und bildete nicht zuletzt ein finanzielles Risiko, da die Gemeinde für alle Bankrott- und Konkursverfahren haftete.[56]

Woher aber kam diese wandernde Massenarmut? Im 18. Jahrhundert waren 10%, gebietsweise sogar bis zu 25% der Juden ohne festen Wohnsitz.[57]

Die Zahl der deutschen Juden war im 18. Jahrhundert auf das Dreifache angestiegen, bedingt einerseits durch weniger Massenkatastrophen und überregionale Seuchen,[58] andererseits durch die Vertreibung und damit Rückwanderung der Aschkenasen aus Osteuropa.[59] Die Erwerbsmöglichkeiten für Juden hatten sich aber nicht vermehrt, sondern waren im Gegenteil in einigen Gebieten, bedingt durch eine ungünstige Wirtschaftspolitik der Länder, zurückgegangen. So waren mit der Zeit drei Viertel der jüdischen Menschen der Unterschicht zuzurechnen, und ein beträchtlicher Teil von ihnen mußte sich an den Rand der Legalität bzw. darüber hinaus begeben. Ohne Möglichkeit, jemals wieder in eine jüdische Gemeinde aufgenommen zu werden, blieb ihnen nur das Vagantentum: „Die Armen sind zahllos, Hunderte, Tausende, treiben sich an allen Ecken herum.".[60]

2.3. Betteljuden

Viele Betroffene sahen keine bessere Alternative, als sich in das Heer der jüdischen Bettler einzugliedern, das von Gemeinde zu Gemeinde zog. Sie wurden sowohl von den bessergestellten Juden als auch von der christlichen Obrigkeit, bisweilen sogar in Zusammenarbeit, durch allerhand Restriktionen auf Distanz gehalten und an seiner Verbreitung bzw. Vermehrung gehindert, auf der einen Seite durch Separierung von der Glaubensgemeinschaft und durch Heiratsbeschränkungen,[61] auf der anderen Seite durch Erlasse und Vertreibungen.[62]
Zunehmend wurde das Bild, das sich die christliche Bevölkerung von den Juden machte, von diesen entwurzelten und elenden, allerdings mitunter auch trickreichen Menschen geprägt. Die Obrigkeit teilte diesen Eindruck und sah in den vagierenden Juden einen besonders hartnäckigen Typ von Gesindel.
Ständig größer werdend, mitunter bis zu hundert Personen und mehrere Generationen umfassend, wanderten Gruppen dieser völlig mittellosen Vaganten von einer Gemeinde zur nächsten.[63] Ein jüdischer Zeitgenosse beschreibt sie wie eine Landplage:
„Diese bettelnden Horden machen die Landstrassen bisweilen ekelhaft, wenn man auf ein Lager derselben stoesst, wo sie sich in Waeldern und hinter Zaeunen sonnen, und es befinden sich oft auch Gauner und Schelme bei ihnen, die Wege und Straßen unsicher machen, wenn sie merken, dass sie den Voruebergehenden gewachsen sind."[64]

Jüdischer Altwarenhändler (aus: C. Suhr, Der Ausruf..., Hamburg 1808)

Die bereits angesprochene Vermischung von Bettlern und Gaunern machte die umherziehenden Juden noch bedrohlicher für Recht und Ordnung der frühneuzeitlichen Gesellschaft.

2.4. Hausierer

In einer Grauzone zwischen Legalität und Illegalität lebten die jüdischen Hausierer. Einigen Juden mit festem Wohnsitz war zwar in manchen Gegenden und in beschränktem Umfang das Hausieren erlaubt,[65] doch die Masse der umherziehenden Hausierer war bestenfalls geduldet. Auch sie konnten wie alle, deren Welt die Landstraße war, leicht in kriminelle Machenschaften verwickelt

werden, wenn sie beispielsweise unterwegs in dubiosen Unterkünften in schlechte Gesellschaft gerieten. Zumal brachte das Hausieren oder auch der Schacher- und Nothandel selten soviel ein, daß die Familie auch nur einigermaßen ernährt werden konnte, weshalb zusätzliche Geldquellen aufgetan werden mußten. Viele suchten primär ihr Auskommen in kleinen Geschäften mit der Landbevölkerung, denn der Hausierhandel spielte sich vornehmlich auf dem Land ab. Dies lag zum einen daran, daß die Landjudenschaft sich durch ihren Ausschluß vom Grundbesitz wie auch durch das Verbot, offene Läden zu halten, auf diese Art des Broterwerbs verlegte, zum anderen an den Bedürfnissen der Landbevölkerung nach Waren, die sonst nur in der Stadt erhältlich waren.[66] Die hausierenden Juden waren bei den Landbewohnern zumeist gern gesehen, da sie diese Bedürfnisse zum Teil erfüllen konnten, aber auch einfach Abwechslung in den Alltag brachten.[67] Für einheimische Handwerker und Händler jedoch bedeuteten sie eine unliebsame Konkurrenz, ebenso für die nichtjüdischen Hausierer, von denen es ja ebenfalls eine Menge gab, wie auch nichtjüdische Gauner und Bettler.
Die Obrigkeit versuchte immer wieder, den Hausierhandel durch Erlasse zu begrenzen, waren doch umherziehende Kleinhändler ein kaum kontrollierbares Unruhepotential. Eine entsprechende Verordnung des dänischen Königs Christian VI. macht einen Teil der Konflikte deutlich:

Verbot des Hausirens mit allerhand Waaren ausser den Jahrmärkten, vom 19 Julii 1737.
„Wir Christian der Sechste p.p. Thun kund hiemit:
Demnach Wir, aus verschiedenen an Unsere Teutsche Cantzeley von den Bürgern aus den Städten der Herzogthümer Schleswig und Holstein eingesandten Memorialien, und darüber eingezogenen Berichten, wahrgenommen, wie das Hausiren der Juden und anderer Krähmer mit allerhand Krahm Waaren ausser denen ordentlichen Jahrmärkten, sowohl in den Städten, als auch vornehmlich auf dem Lande, eine Zeithero überhand gewonnen, und dadurch die Bürger in besagten Städten in ihrer Nahrung einen merklichen Abgang verabspüren müssen; Wir aber, einem solchen unerlaubten Herumtrag von allerhand Waaren nachzusehen, um so weniger gemeynet sind, als zwar denen in einigen Städten besagter Herzogthümer recipirten und wirklich wohnenden Schutz-Juden erlaubet, einen zuläßigen Handel und Gewerbe zu treiben, keineswegs aber gestattet ist, ausserhalb denen ordentlichen öffentlichen Jahrmärk-

ten in denen Schleswig-Holsteinischen Städten, oder auf dem Lande, ihre Waaren zum Verkauf zu bringen, und damit hausiren zu gehen; zu geschweigen, daß überhaupt, vermöge verschiedener hiebevor ausgelassener Constitutionen, die Treibung der bürgerlichen Nahrung auf dem Lande untersagt ist, mithin keine Krähmer befugt sind, ihre Waaren auf dem Lande den Leuten in den Häusern anzubieten, und dadurch den Bürgern in den Städten den Debit ihrer Waaren zu entziehen: Als ordnen und befehlen Wir hiemit allen Ernstes, und bey unvermeidlicher Confiscation der Waaren, auch dem Befinden nach, anderen willkührlichen Strafen, daß kein Krähmer, weder Christlicher noch Jüdischer Nation, sich fürohin unterstehen solle, so wenig in den Städten als auf dem Lande, dieser beeden Herzogthümer und deren incorporirten Landen, ausserhalb denen ordentlichen, öffentlichen Jahrmärkten, einige Waaren herum zu tragen, solche feil zu bieten, und damit hausiren zu gehen (...)"[68]

Als die gewünschte Wirkung nicht eintrat, sah sich der König sieben Jahre später zu einer präziseren Verordnung genötigt, die unter anderem folgenden Artikel enthält:
„Daß die Wirthe und Gastgebere in den Städten und Flecken Unserer Fürstenthümer Schleswig Holstein, daferne sie einige neue Waaren, welche ihres Orts für Geld bey Kaufleuten zu bekommen, es mögen solche bestehen, worin sie wollen, bey einem Juden ausserhalb den Jahrmärkten vermerken, oder in und aus dem Hause tragen sehen, solches sofort dem Stadt=Voigt, oder in den Flecken dem beykommenden Subaltern-Bedienten anzuzeigen; widrigenfalls, und da sich dereinst begeben sollte, daß ein oder anderer hierunter mit den Juden conniviret hätte, er sich desfalls nachdrücklicher Bestrafung zu versehen hat."[69]

Hausierende Juden bewegten sich demnach in den meisten Fällen bereits in der Illegalität, selbst wenn sie weder betrogen noch stahlen.[70] Die Schwelle, im Notfall auch einmal solches zu tun, wird für sie, vor allem für die vielen zugewanderten ohne Schutzbrief, daher nicht allzu hoch gewesen sein, war ihr Status doch ohnehin als Recht und Ordnung widersprechend definiert.
Hierin liegt auch ein wesentlicher Unterschied zwischen jüdischen und christlichen Vaganten. Juden waren von vornherein durch die Vielzahl der ihnen auferlegten Beschränkungen und durch den Argwohn, mit dem sie betrachtet wurden, einer umherziehenden Randgruppenexistenz näher als viele Christen, die teilweise noch weitere Vorprägungen aufweisen mußten, um in die Illegalität abzugleiten.

In den Augen der Obrigkeit waren fast alle Vaganten aufgrund ihres schwachen Charakters auf die Landstraße geraten; kriminelle Energie und fehlende Moral galten als Ursachen.[71]

2.5. Gauner

Die Übergänge zwischen bettelndem und hausierendem Vaganten- und Gaunertum waren naturgemäß fließend. Für Bettler, die noch etwas Kraft und Initiative besaßen, aber aufgrund ihres rigorosen Ausschlusses aus der ehrbaren Gesellschaft und ebensolchen Berufen sich nach anderen Möglichkeiten zur Überlebenssicherung umsehen mußten, war der Weg in die Kriminalität nicht weit. Auf der Landstraße gab es Gelegenheit genug, an Leute zu geraten, die einen entwurzelten Juden auf diesem Weg mitnahmen.
Die auf solchem Boden wachsende jüdische Kriminalität reichte von Gelegenheitsdiebstählen über kleine Betrügereien bis hin zu detailliert geplanten, von größeren Banden wechselnder Zusammensetzung geschickt organisierten und durchgeführten Raubzügen großen Stils. Einige solcher Banden sind durch spektakuläre Verbrechen und ebensolche Prozesse berühmt geworden.[72]

Zahlenmäßig bedeutsamer[73] wird allerdings die jüdische Kleinkriminalität gewesen sein, bei der oft auch nur von einzelnen, nicht in einer Bande organisierten vagierenden Juden begangene Eigentumsdelikte im Vordergrund standen, und die sich durch eine relativ geringe Gewaltbereitschaft auszeichnete.[74]
Es wird zudem in der Forschung angenommen, daß jüdische Gauner im Gegensatz zu nichtjüdischen ein von ihrem „kriminellen Broterwerb" völlig getrenntes und durchaus geordnetes Privatleben führten:

„Wie standen nun die jüdischen Gaunerbanden zur jüdischen Gemeinschaft, und wie stand jene zu ihnen? Zunächst ist bemerkenswert, daß die jüdischen Banden bei all ihrer Verkommenheit als Juden lebten und an der jüdischen Lebensordnung, ihren Sitten und Gebräuchen, im allgemeinen festhielten. In der Regel unternahmen sie am Sabbat keine Streifzüge und beachteten die Speisegebote. Die jüdischen Gauner waren zum großen Teil verheiratet, hatten Kinder und kehrten, wenn sie Wohnrecht hatten, von ihren Beutezügen zu ihren Familien zurück wie andere Menschen von Geschäftsreisen.

Ihr Familienleben unterschied sich nicht wesentlich von dem ihrer achtbaren Glaubensgenossen und stand im deutlichen Gegensatz zum Konkubinat, das bei den meisten christlichen Gaunern die Regel war."[75]

Auf Solidarität oder gar Mithilfe durch bessergestellte Glaubensgenossen konnten jüdische Delinquenten kaum hoffen, da jene, die in halbwegs gesicherten Umständen lebten, bemüht waren, ihren Status durch ein gutes Verhältnis zur christlichen Obrigkeit und eine möglichst friedliche Beziehung zur einheimischen Bevölkerung aufrechtzuerhalten. Diese Furcht, die eigene Existenz durch allzu große innerjüdische Toleranz und Solidarität zu gefährden, ging bis zur Bereitschaft zur Denunziation. Loyalität bestand also nicht vertikal zwischen den dem gehobenen Mittelstand angehörenden auf der einen und den in die Illegalität abgesunkenen Juden auf der anderen Seite, sondern eher horizontal, zwischen jüdischem und christlichem kriminellen Milieu.

Die Feststellung, daß bei der jüdischen Unterschicht die Voraussetzungen für die Illegalität vielleicht noch mehr als bei Christen in besonderen äußeren, vor allem administrativen Umständen zu suchen waren, kann zusammen mit der Beobachtung, daß, übereinstimmend mit der jüdischen Tradition, in den bisher herangezogenen Quellen[76] kaum Nachrichten über vagierende Jüdinnen zu finden sind, die Annahme stützen, daß Juden sich eben selbst in der Illegalität noch an religiösen und traditionellen Regeln, auch und vor allem im Hinblick auf das Familienleben und seine Aufgabenteilung, orientierten.

Wie aber sahen diese Vorstellungen von einem geordneten jüdischen Familienleben und damit die Vorschriften für die Rolle der Frau aus, und wie wurden sie im Alltag umgesetzt? Vor allem aber stellt sich die Frage, inwieweit solche Normen in dem mühseligen und unsteten Leben der den untersten jüdischen Schichten angehörenden Männer und Frauen noch beachtet wurden.

3. Zur Stellung der Frau innerhalb der jüdischen Gesellschaft

3.1. Tradition und Gemeinde

„Das Judentum, das in der Frau ihre hohe menschliche Würde als ein im Ebenbilde Gottes geschaffenes Wesen, voll und ganz anerkennt und dem Manne so weit für gleich hält, daß es beide, Mann und Frau, in einem und demselben Nomen kollektivum `Adam' [Mensch] umfaßt, ist zugleich real genug, um die besondere geschlechtliche Beschaffenheit der Frau, die auf eine besondere Bestimmung derselben und auf ein besonderes Arbeitsfeld hinweist, nicht zu verkennen und auf eine strenge innere Scheidung der beiden Geschlechter von einander hinsichtlich ihrer vielseitigen Wirksamkeit im Dienste der menschlichen Gattung zu beharren(...)."[77]

Zusammen mit einigen der jüdischen Frau traditionell zugeschriebenen Charaktereigenschaften wie Barmherzigkeit und schamhafter Keuschheit und den ihr zugewiesenen Aufgaben als Mutter und Hüterin des Hauses, entsteht hier schnell ein Eindruck von Passivität und Zurückgezogenheit. Daß sie aufgrund ihrer angeblich größeren Neigung zur Emotionalität von der öffentlichen Religionsausübung sowie von Gemeindeämtern und dem Zeugenstand ausgeschlossen war, paßt ebenfalls ins Bild und scheint zunächst traditionellen christlichen Vorstellungen über die untergeordnete Rolle der Frau zu entsprechen. Und doch bestehen entscheidende Unterschiede hinsichtlich ihrer Stärke und Wichtigkeit:

„[Diese] verschiedenartige Beschaffenheit der Frau (…) darf aber keineswegs ihre staatsbürgerliche und zivilrechtliche Stellung beeinträchtigen (…) So ist dem Judentum (…) auch die mittelalterliche Romantik vom ritterlichen Schutz des `schwachen Weibes' fremd; weil es in Israel, auch im antiken Judäa, kein `schwaches Weib' gab, weil die Frau durch den Schutz des a l l g e m e i n e n R e c h t e s , durch ihre volle G l e i c h b e r e c h t i g u n g mit dem Manne als Mensch, zur Genüge stark war."[78]

Besonders wichtig wurde ihre Stärke vor dem Hintergrund der Diasporasituation und der jüdischen Verfolgungsgeschichte, durch welche die Zuständigkeitsbereiche der Frau, nämlich Haus und Familie sowie die Pflege der religiösen Bräuche im familiären Bereich „zum überlebenswichtigen Ort - Refugium, Trutzburg und Mittelpunkt jüdischer Existenz - wurden."[79]

Aber äußere Umstände beeinflußten die Rolle der jüdischen Frau auch noch in anderer Hinsicht. Bei der notwendigen Reisetätigkeit der Ehemänner,[80] die als Händler oft Monate, gar Jahre unterwegs waren, mußten auch Frauen aktiv am Wirtschaftsleben teilnehmen. Geschick und Übung hierbei erwiesen sich als umso wichtiger, wenn der Mann auf Dauer abwesend oder gestorben war.
Beispiele für die selbständige Wirtschaftstätigkeit von Frauen der jüdischen Mittelschicht liefern die Aufzeichnungen der Glückel von Hameln:[81]
„Als Chajim auf seinem Sterbebett nach seiner letzten Verfügung gefragt wird, soll er schlicht geantwortet haben: `Ich weiß nichts zu befehlen; meine Frau weiß von allem: laß sie tun, wie sie vorher zu tun pflegte' (…), und so hat Glückel nach seinem Tod im Jahre 1689 die Geschäfte fortgeführt, so wie sich einst auch ihre Mutter und Großmutter eine Zeitlang als freie Unternehmerinnen betätigt haben (…). Sie hat auf Zinsen verliehen, ist auf Messen gefahren (…), hat Handel getrieben (…), eine Strumpffabrik gegründet (…) und ihre acht noch unmündigen Kinder versorgt und verheiratet. Sie erwähnt auch Esther Spanier, die mit ihren Waren auf den Kieler Umschlag gefahren ist und `wirklich die ganze Familie ernährt' hat (…)."[82]
Bereits im Spätmittelalter war die Übernahme solcher Aufgaben durch Frauen mittels Änderungen im Ehe- und Erbrecht auch kulturell sanktioniert [83] und so ein zweites Standbein der Überlebenssicherung der jüdischen Mittelschicht geschaffen worden, die trotz ihrer Schutzbriefe und eventueller Privilegien oft von einer finanziellen Notlage in die andere geriet.[84]

Wie leicht eine Frau in eine soziale Notsituation geraten konnte, zeigen die engen Bestimmungen des Schutzsystems. Da nur der Schutzbrief des Vaters bzw. Ehemanns den unmündigen Töchtern und den Ehefrauen das Aufenthaltsrecht sicherte, mußten Frauen, die durch dieses Netz fielen und auch nicht als Verwandte bei einer schutzjüdischen Familie unterkommen konnten, sich eine Stelle als Dienstmagd suchen, um nicht heimatlos und aus dem Lande gewiesen zu werden.[85] Auch Verarmung durch den Ausfall des Ehemanns als Hauptenährer einer Familie, noch dazu mit unmündigen Kindern, konnte die Landesausweisung zur Folge haben.[86]
Durch die engen Begrenzungen des Schutzsystems bedingt, wurde weibliche Armut und Abhängigkeit zu einem großen sozialen Problem, das durchaus nicht immer von der jüdischen Gemeinschaft

aufgefangen werden konnte und nicht selten zur Prostitution oder zu Verzweiflungstaten wie Kindsmord führte.[87] Welche Konflikte innerhalb der Gemeinde durch die Not einer schwangeren Dienstmagd entstehen konnten, dokumentieren die Aufzeichnungen über einen Detmolder Vaterschaftsstreit aus dem Jahr 1786:[88]

Die Vaterschaftsklage der jüdischen Dienstmagd Sara gegen ihren Dienstherren, den Schutzjuden Joseph Leeser, rief in der Gemeinde unterschiedliche Reaktionen hervor. Die junge Frau wurde von einer Mehrheit der ortsansässigen Juden als Hure gebrandmarkt und als der Hilfeleistung unwürdig erachtet, so daß sich die nichtjüdische Stadtobrigkeit zum Eingreifen gezwungen sah.

Damit Sara ihre Vaterschaftsklage vorbringen konnte, wurde sie von der Regierung zum Armenrecht zugelassen. Die Polizeikomission verpflichtete ihrerseits den stadtjudenschaftlichen Armenvorsteher Simon Isaak dafür zu sorgen, daß das Mädchen jeden Abend der Reihe nach von einer jüdischen Familie gespeist werde. Dieses Verfahren rief den heftigsten Protest der Judenschaft hervor: Die Versorgung Saras könne „andere auswärtige Juden-Mädchen (…) anreitzen, sich hieher zu begeben, hier Wochenbett zu halten, und dann uns ebenso Verpflegung abzubringen. Es scheinet uns für die Zukunft nachtheilig zu seyn, anderer Leute Huren in dem Kindbette zu füttern, (…) Der Sara vorige ausschweifende Lebens-Art läßt uns für die Folge nicht unwahrscheinlich befürchten, daß sie bald wieder in die nehmlichen Umstände kommen werde."

Trotz der „Impertinenz" der jungen Frau sei diese von verschiedenen Juden, etwa der Isaakschen Ehefrau, mit Speise versorgt worden. Der Schutzjude Salomon Joel Herford habe zudem die Wöchnerin auf eigene Kosten betreut und „an dem neugebohrnen Knaben unentgeltlich die Beschneidung verrichtet". Ferner habe er für die Verpflegung des Kindes 2 Judenfrauens abwechselnd ohnentgeltlich bei ihr gehalten, damit sie ihren gegen ihn geäußerten bösen Vorsatz, das Kind vor Hunger umkommen zu lassen, nicht ausführen möge.

Der judenschaftliche Armenfond sei zu gering, als das aus ihm eine Frau und ein Kind auf unbestimmte Zeit alimentiert werden könnten. Andere [sic] wirklich arme Judenfrauen (wie die Packen- und Betteljüdinnen), würde behördlicherseits ja auch nur 14 Tage für die Niederkunft eingeräumt werden, dann hätten sie sich wieder aus der Stadt zu begeben.[89]

Gerade in Zeiten, in denen die jüdischen Gemeinden bereits durch die durchreisenden Bettler finanziell überfordert waren - die aus 22

Schutzjuden bestehende Detmolder Gemeinde hatte beispielsweise 1789 allein 940 von ihnen zu versorgen - stieß die gemeindliche Unterstützung in den Augen der Zeitgenossen offensichtlich unmoralisch lebender, also durch eigenes Verschulden in Not geratener Frauen schnell an ihre Grenzen und machte diese abhängig von der Hilfeleistung durch Einzelpersonen.

So ist es nicht verwunderlich, daß eine frühe Heirat nicht nur wegen der talmudischen Auffassung, daß ein Mensch, der bis zum 20. Lebensjahr noch nicht verheiratet ist, nicht gottgefällig lebt,[90] von zentraler Wichtigkeit für junge Juden und Jüdinnen war.

3.2. Unterschicht

Eine konservative, die religiösen Vorschriften und Traditionen achtende Lebensführung wird in der bisherigen Forschung auch für bereits entwurzelte und umherziehende - also der Sozialkontrolle einer Gemeinde entzogene - Juden vermutet.

So wurde für die Frühe Neuzeit aus der Auswertung von Sammellisten jüdischer Bettler, die kaum einmal Frauen erwähnen, geschlossen, daß Jüdinnen stets an einem festen Ort die ihnen traditionell zugedachten häuslichen Aufgaben erfüllt hätten:

„Der jüdische Bettelzug von Gemeinde zu Gemeinde (...) führte Frauen in nennenswertem Ausmass nicht mit sich. Der Bettler, gewöhnlich ein Familienoberhaupt, erhielt seine Familie an einem festen Wohnsitz mit den Ergebnissen seines Wanderbettels (...).[91] Soweit nun durch den anwachsenden Wanderbettel die traditionellen Armutsregelungen in der jüdischen Gemeinde gesprengt werden, bleibt nur die jüdische Familie mit ihrer Selbsthilfe intakt."[92]

In Bezug auf Gauner stammen die Auskünfte über die Rolle der Frauen aus der Polizeiliteratur und aus Signalementslisten. Hier wird im wesentlichen aus der Nichterwähnung delinquenter Frauen sowie aus der Tatsache, daß die meisten der aufgelisteten Gauner als Ehemänner und Familienväter beschrieben werden,[93] geschlossen, daß im Gegensatz zum christlichen kriminellen Milieu, das in der Mehrzahl Konkubinatsverhältnisse und auch etliche selbständig gaunerisch tätige Frauen aufweist, die jüdischen Delinquenten die althergebrachten Normen jüdischen Familienlebens weitestgehend aufrechterhalten hätten.

Das persönliche Leben der jüdischen Gauner, wenn von der Aktion befreit, spielte sich in ihren Familien ab.[94]

Doch weder die zeitgenössische Polizeiliteratur noch die zahlreichen Auflistungen erlauben einen Einblick in die Lebenswirklichkeit von Ehefrauen jüdischer Vaganten. Waren sie wirklich so wenig mobil und so traditionsgebunden? War nicht gerade in ihren kümmerlichen Lebensumständen die Stärke und Selbständigkeit, die ihnen in anderen Zusammenhängen durchaus zugebilligt wurde,[95] besonders gefragt?[96]

Es bedarf der Auswertung von Quellen, in denen diese Frauen und ihre Tätigkeiten direkt benannt werden, da das bloße Fehlen delinquenter Frauen bzw. die geringe Zahl nichtverheirateter Juden keinen Rückschluß auf die tatsächlichen Aufgaben jüdischer Unterschichtfrauen erlauben, sondern allenfalls darauf hinweisen, daß sie nicht direkt straffällig wurden. Die Grauzone zwischen unschuldiger, weil unwissender Häuslichkeit und der Mitwirkung an illegalen Aktionen bietet genug Raum für einen weitergehenden weiblichen Beitrag zum Überleben einer Familie.

Wie dies im einzelnen aussehen kann, wird aus den Akten des eingangs genannten Flensburger Prozesses gegen Nathan David, Philipp Salomon und Abraham Hirsch ersichtlich. Bevor aber diese Akten im Hinblick auf die darin enthaltenen Hinweise auf die Frauen ausgewertet werden, sollen zunächst die direkt an dem Prozeß Beteiligten vorgestellt und der Verlauf des Prozesses kurz geschildert werden.

4. Der Flensburger Prozeß

4.1. Die Rahmenhandlung

Die folgende kurze Charakterisierung der Hauptakteure sowie die wichtigsten Fakten der Tat und des Prozeßgeschehens bilden, zusammen mit den oben skizzierten allgemeinen Lebensbedingun-

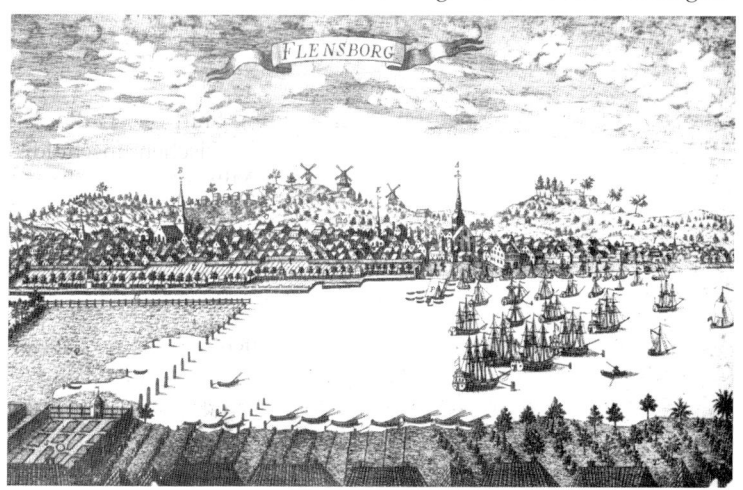

»Flensborg« – Kupferstich von H. J. Jürgensen, 1780 (aus: Erik Pontopiddan; Den Danske Atlas eller Kongeriget Danmark, Bd. VII, Kopenhagen 1780)

gen für Unterschichtjuden im Schleswig-Holstein der Frühen Neuzeit und den traditionellen Vorstellungen über die Rolle der jüdischen Frau, den Hintergrund für eine Interpretation der Nachrichten über die Frauen aus dem Umfeld der Angeklagten.

4.1.1. Inquisiten und Inquirenten

„Der hieselbst sitzende Jude heißt Nathan David, hat ein weislichtes Kleid, ist untersätzig, verheyrathet und trägt also einen Barth, wie gewöhnlich. Der andere Jude, so etwas höher, corpulenter und gleichfalls verheyrathet ist, nennt sich Philipp Salomon, hat einen Blauen Rock und eine Sammete oder plüschene Kabutze getragen, wodurch er sich ziemlich kenntlich gemacht, weil man selten gemeine Juden in Kabutzen hausieren gehen findet, auch ist ihm bey der Arretirung eine Lederne Geldkatze abgenommen worden, so er vermuthlich um den Leib getragen. Der dritte Jude nennet sich Abraham Hirsch, ist unverheyrathet, lang und mager, bey seiner Arretirung in einem Blauen Rock gekleidet gewesen und siehet ohne Barth einem Christen ziemlich ähnlich."[97]

Am 3. April 1764 beginnt für drei junge jüdische Männer eine außerordentlich harte Zeit. Wegen Einbruchsdiebstahls müssen sie sich vor dem Flensburger Ober- und Landgericht verantworten. Ihre eigenen Angaben ergeben zusammen mit Zeugenaussagen und Ermittlungsergebnissen das Bild einer kleinen kriminellen Notgemeinschaft. Nathan David und Abraham Hirsch hatten ihren Einbruch in die „Waaren-Bude" der Kaufmannswitwe Bachwitzen gut vorbereitet, sich aber in Philipp Salomon einen in solchen Aktionen unerfahrenen Helfer gesucht.

Zwar geben alle drei an, ungefähr 28 Jahre alt und Söhne von Handelsleuten zu sein, Hebräisch, jedoch nicht Deutsch lesen und schreiben zu können und, wann immer es möglich sei, gemeinsam mit anderen Juden oder zur Not auch allein ihren Glauben auszuüben,[98] doch zeigen bereits die ersten Vernehmungen nach der Festnahme Unterschiede im persönlichen Hintergrund der Angeklagten, die Nathan David als den Anführer, Abraham Hirsch als seinen untergeordneten Komplizen und Philipp Salomon als Neuling im Gaunermilieu erscheinen lassen.

Philipp Salomon war ursprünglich Juden-Schächter,[99] hat also einen Beruf gelernt und auch innerhalb einer jüdischen Gemeinde ausgeübt, hat dann „bey (...) Kriegs-Zeiten in Lagern gehandelt"[100] und ist, als der Handel für ihn nicht mehr einträglich genug war, auf die Suche nach anderen Verdienstmöglichkeiten gegangen. „Hierbey ist zu bemerken, daß dieser Jude bald ein Geld-Wechsler bald ein Galanterie Händler vorstellen will, der sich allenfalls ein Kästchen zuzulegen Willens gewesen, um damit im Lande umherzugehen."[101] Er sei dann, so sagt seine Frau Hanna dem Flensburger Gericht, von ihr und aus Hamburg fortgegangen, um „sich hier im Lande einen Dienst zu suchen, weil mit der Handlung nicht viel zu thun gewesen."[102] Bei dieser Gelegenheit ist er dann in schlechte Gesellschaft geraten. Daß er erst im Zuge seines sozialen Abstiegs in dieses Milieu kam, wird nicht nur durch die Aussage und das Verhalten seiner Frau deutlich, die sich in der neuen Situation nicht zurechtfindet,[103] sondern zeigt sich auch in der Beschreibung seines Äußeren, das noch Merkmale einer geregelteren Lebensführung aufweist. Zudem ist Philipp Salomon der einzige der drei Angeklagten,

der bei seiner Festnahme Paß und Erlaubnisschein vorweisen kann.[104]
Nimmt man die zur damaligen Zeit verbreitete Auffassung, daß jüdische Kriminelle speziell darin geschult seien, sogar Folterungen ohne Geständnis zu überstehen, für bare Münze, so weist auch die Tatsache, daß allein Philipp Salomon unter der Tortur gesteht, darauf hin, daß sich sein Lebensweg und seine Lebenshaltung von denen Nathans und Abrahams unterscheiden. Diesen beiden werden außer dem Einbruch in die Bude der Witwe Bachwitzen noch zwei weitere Diebstähle zur Last gelegt. Glaubt man Philipps erzwungenem Geständnis, so war stets Nathan derjenige, der Aktionen einfädelte und die schwierigsten Aufgaben selbst übernahm.[105] Abraham dagegen schildert sich selbst als nicht sehr zielstrebig. Er wäre, „wie er zu seinem Verstande gekommen, aber leyder zu lernen keine Lust gehabt, (...) vom 9ten bis 10 Jahren mit seinem Vater auf dem Lande hausieren gegangen."[106] Mit vierzehn sei er in die Danziger Gegend zu seinem dort handelnden Bruder gegangen und habe ungefähr seit seinem neunzehnten Lebensjahr selbständig gehandelt, sei darin aber nicht „ausgelernet" gewesen und habe sich deshalb „noch gerne in Condition geben wollen."[107]
Nathan jedoch hält sich in den ersten Vernehmungen bedeckter und erzählt nichts weiter von seinen Tätigkeiten, als daß er, wie so viele Juden, ein Handelsmann sei. Über ihn und vor allem auch über seine Verwandten, die „Hauptpersonen" dieser Untersuchung, fördern erst die hartnäckigen Ermittlungen der Flensburger Inquirenten mehr Informationen zutage, denen zufolge er einer Familie entstammt, die sich schon seit geraumer Zeit in der Illegalität bewegte, „(...) wie nemlich dieses Land in der Person des Nathan David und seiner Familie eine der listigsten Diebes=Rotte ernähret, welche sich schon seit vielen Jahren aller bey Ausübung beträchtlicher Diebstähle wieder selbige von Zeit zu Zeit offenbar gewordene Umstände ungeachtet in dem Busen derselben dennoch heimlich zu erhalten gewußt."[108]

Der Ober- und Landgerichtsadvokat Josias Thorstraten - es handelt sich um den späteren Flensburger Bürgermeister (1781-1802) aus einer bekannten Familie der Stadt -, der in diesem Prozeß als Fiskal auftritt, ist überzeugt, einer gemeingefährlichen und höchst schädlichen Gruppe auf der Spur zu sein. In seinem Ermittlungseifer sucht er, alles in Erfahrung zu bringen, was jemals gegen die drei von ihm angeklagten, vor allem aber gegen die Familie des Anführers Nathan David, vorgelegen haben könnte, und er weiß auch, warum er diese Familie überführen muß, sieht er in ihr doch ein Beispiel für die Verderbtheit der Juden, von der er in Büchern gelesen hat:

„Die bewährtesten Theologi haben es schon längst der Welt vor Augen gelegt, daß es ein ex Religione entspringendes Principium und Grundgesetz bey den Juden sey, worüber sogar die ehrlichsten unter ihrem Volcke heilig halten sollen, und folglich am allerwenigsten von ihren Bundesgenoßen und folglich gegen Christliche Obrigkeiten nichts nachtheiliges aussagen, sondern so gar auch in Hinsicht der von ihnen begangenen noch so schweren Verbrechen alles auswenden und alles leiden, auch so gar mit vermeyntlich guten Gewißen gerne falsche Eidschwüre thun, um sie von der Inquisition zu befreyen und allem durch unwahre Außagen zur folgbaren Inhaftierung befördert werden könnte."

Gegen diese Verschwörung ist er angetreten. Er ist entschlossen, die drei jüdischen Diebe, die sich nun in seiner Gewalt befinden, nicht nur zu überführen, sondern auch endlich aufzudecken, welches Ausmaß an Liederlichkeit bereits an den Lebensumständen der Angeklagten und deren Familien abzulesen ist. Zu seinem Bedauern kann er nicht viel Klarheit in die Lebenshintergründe Abraham Hirschs und Philipp Salomons bringen, doch allein die Tatsache, daß diese sich mit Nathan David eingelassen haben, läßt Josias Thorstraten auf deren Charakter schließen.[110] Alles spricht in seinen Augen dafür, daß sie genau zu der Art von Leuten gehören, welche die Obrigkeit des frühmodernen Staates so fürchtet und verabscheut. Sie sind fremd und durch ihre wechselnden Aufenthaltsorte und Tätigkeiten kaum zu kontrollieren und untergraben damit Recht und Ordnung. Dabei sind sie so geschickt, daß sie eine ernste Gefahr für die obrigkeitliche Autorität darstellen:

„Inquisiti sind Taugenichte, Lediggänger und Landstreicher, die sich mit nichts legitimiren können, die bald dieses bald jenes Metier vorgeben, die selbst nicht wißen was sie vorstellen wollen (...) und sich als die ausgelernteste Spitzbuben sistiren. Ihre schlechte Charakter und ihre Qualitaeten sind in § 52. bis 59. und hin und wieder das ganze factum hindurch aufgedeckt, wodurch sie sich als ungezweifelte diebische Müßiggänger qualificiren, und dadurch bey ihrem verdächtigen Hin- und Herwandern, was sie sind, schon allein hinlänglich zu erkennen geben. (...) Da es besonders bey herumstreichenden Juden= Gesindel vor etwas erlaubtes gehalten, und mit den Grundsätzen ihrer Religion irrigerweise in Verbindung gesetzet wird, denen Christen jeden Unfug wieder sie auszuüben, so sind und bleiben sie allemal ein sicheres und schleichendes Uebel im Lande (...) Die Erfahrung hat es gelehrt, daß nirgends unfehlbarere Diebe anzutreffen sind, als unter dem Juden=Gesindel."[111]

In dieser Argumentation zeigt sich allerdings ein deutlicher Widerspruch. Einerseits werden die Juden als gefährliche, mit allen Wassern gewaschene Berufskriminelle dargestellt, die zudem ständig Unwissenheit vortäuschen. Andererseits wirft man ihnen vor, ohne Sinn und Verstand in den Tag hineinzuleben:

„Frägt man Inquisiten nach ihren allgemeinen Lebens-Umständen, so wißen sie davon wenig oder nichts anzugeben, ihre desfällige Außagen sind zum Theil contradictorisch, und es läßt sich darnach nichts anders schließen, als daß sie eines theils in Hinsicht ihres bösen Gewißens auch in den geringsten Dingen die Wahrheit zu sagen sich fürchten, und ihre wahrhaften fata nicht bekannt seyn dürfen, anderntheils aber mit liederlichen Landesstreichern und Ziegeunern von einem Calibre sind, die um sich und die ihrigen sich nicht bekümmern und wie das Vieh in den Tag hinein leben. Nathan David kennet angeblich seine Schwieger-Eltern nicht. (a) Sämtliche Inquisiten gestehen in langer Zeit von ihren Eltern und den ihrigen keine Nachricht zu haben, (a), und wißen es zum theil auch nicht anzugeben, ob sie annach im Leben sind oder nicht. (b) Sie wißen nicht zu sagen, in welchem Jahr sie Inquisiten gebohren sind, (c) indeßen antworten sie alle drey bey ihrer im October und November vorigen Jahres erfolgten articulirten Abhörung, und zwar ein jeder von ihnen besonders, er wäre 28 Jahr alt (d)."[112]

Für Josias Thorstraten aber ist bewiesen, was er schon immer, spätestens nach seiner Lektüre der einschlägigen Literatur, zu wissen meint. In seinem Triumphgefühl wird er sogar ironisch:

„Was sich vor vortreffliche Familien und Erziehungs=Umstände bey Inquisiten voraussetzen laßen, und wie die bewehrte Familie des Nathan Davids beschaffen sey, solches ist in facto § 36. bis 59. umständlich auseinandergesetzet worden."[113]

Die drei Juden, mit denen er sich zum Zeitpunkt der Niederschrift der „Peinlichen Anklage" im Mai 1767 bereits drei Jahre lang aufs gründlichste befaßt hat, gehören für ihn „unstreitig zu der classe der heimlich herumschleichenden Spitzbuben, die das Diebes-Metier von Jugend auf getrieben, wobey, wenn man auch diese Idee bey seite setzt, allemal noch der Vorwurf offenbarer Taugenichte und Landesstreicher übrig bleibt und ihnen zugleich mit zur Last fällt."[114]

Ließ eine solche Neigung zur Verallgemeinerung, zum Statuieren von Exempeln und ein angelesener Antijudaismus auf seiten des Anklägers noch einen halbwegs objektiven Prozeß zu, oder geriet das Verfahren zu einem Tribunal gegen Vertreter einer als verabscheuungswürdig und subversiv deklarierten jüdischen Schicht?

4.1.2. Anklage, Prozeßverlauf und Urteile

Am 29. Mai 1767 wird nach Abschluß der dreijährigen Ermittlungen[115] die Anklageschrift vorgelegt, welche die Begründung für die beabsichtigte Folterung der Angeklagten liefern soll und zudem die Gesamteinschätzung der Inquisiten und ihrer Taten durch den Flensburger Fiscalis Josias Thorstraten wiedergibt:

> „Peinliche Anklage
>   abseiten
> des Ober= und Landgerichts Advocati
> Josias Thorstraten
>   als constituirten Fiscalis
>   wider
> die hieselbst inhafftierte Juden, Nathan David, Philipp Salomon und Abraham Hirsch,
>   Inquisiten und peinlich Angeklagte

in puncto eines im vorigen Jahr[116] bei der Wittwe Bachwitzens Waaren=Bude allhie zur nächtlichen Zeit mit Gewalt, Einbruch und Einsteigen verübten großen und qualificirten Diebstahls samt was dem in Hinsicht anderer concurrirender Einbrüche, Diebstähle und Verbrechen auch resp: abseiten des Nathan Davids gebrochener Urphede und sonsten denen Inquisiten sehr gravirenden ex actis hervortretenden Umständen anhängig, hinc promerita poena principaliter eventualiter torturae."[117]

Die drei Jahre bis zur Erstellung dieser Anklageschrift waren angefüllt mit äußerst umfangreichen Zeugenvernehmungen, langwierigen Erkundigungen bei anderen Gerichten und endlosen Befragungen der Inquisiten zu den infolge der ambitionierten Ermittlungen immer neu auftauchenden Gesichtspunkten. Bittschriften der Ehefrau Philipp Salomons[118] und zur Eile mahnende Briefe des Königs an die Ermittler dokumentieren die Belastungen, die ein so ungewöhnlich langes Ermittlungsverfahren mit sich brachte.[119]

Dieser Ermittlungseifer scheint unangemessen, denn die Straftat der drei Juden beinhaltete keinerlei Gewaltanwendung gegen Menschen, zumal es sich um einen nächtlichen Einbruch in einen Laden handelte, dessen Besitzerin nicht dort, sondern bei anderen Leuten zur Miete wohnte, also nicht mit der Anwesenheit eines Menschen zu rechnen war.

Warum trotzdem die Todesstrafe gefordert wurde, wird in § 231 der Anklageschrift mit einem Artikel aus der Carolina,[120] dem zugrundeliegenden Gesetzeswerk, begründet:[121]

„Ein jeder Diebstahl schon an und vor sich betrachtet, ist nicht nur von großen und bis zur Todes-Strafe qualificirten Werth, sondern zur nächtlichen Zeit mit Gewalt, Einbruch und Einsteigen verübet worden. Ja wenn auch von diesen verübten Diebstählen nur ein einziger wieder Inquisiten vorhanden wäre, dieser auch nur, als der erste Diebsstahl, so Inquisiten begangen, consideriert werden könnte, und dann noch überdies bey diesem einzigen Diebstahl die qualificirten Umstände in Hinsicht der nächtlichen Zeit und der Wichtigkeit der gestohlenen Sachen wegfielen, mithin nur dieses allein übrig bliebe, daß der Diebstahl durch Einsteigen oder Einbruch bewerkstelligt worden, so würden Inquisiti demnach ihre That mit der Todes=Strafe am Galgen büßen müßen (...)."

Doch nicht allein das Vergehen der Angeklagten, deren Beute durchweg aus Textilien bestand, ist Anlaß für die Forderung nach der Todesstrafe. Vielmehr wird der vorhandene gesetzliche Spielraum nicht, wie zu der damaligen Zeit bereits weit verbreitet,[122] zugunsten des Lebens der Angeklagten ausgelegt, da schon deren sozialer Hintergrund eine Todesstrafe nahelege:

„Diese Todes=Strafe ist auch um so mehr ohne eine unzeitige Milderung in vorkommenden Fällen zur Ausübung zu bringen, da die Diebe, welche aus dem Abschaum des hartnäckigsten Pöbels entspringen, sich durch keine noch so harte und ewige Leibes=Strafe von ihren projectierten strafbaren Ausführungen abschrecken laßen, so lange sie nur Hoffnung haben können, daß es ihnen nicht, wenn sie zur verdienten Strafe dem Richter in die Hände fallen, das Leben kosten werde, als wofür auch der hartnäckigste und verstockteste Mensch und der nicht aus einer fatalen Melancholie seines Lebens müde ist, alles wagt."[123]

Doch trotz der offensichtlichen Verachtung, die der Fiscalis gegen die jüdischen Diebe hegt, trotz der laufend vorkommenden Vorverurteilungen nicht nur gegen die Angeklagten, sondern auch gegen deren familiäres Umfeld, geht das Verfahren im wesentlichen seinen geordneten Gang. Die Verteidigungsschrift des Josias Hoë ist ebenso umfangreich und ausgefeilt, mit lateinischen Zitaten und Hinweisen auf über den bloßen Verhandlungsgegenstand hinausgehende Dimensionen versetzt, wie die Anklageschrift mit ihren 317 Paragraphen. Äußerst engagiert wendet sich der Verteidiger nicht nur gegen fast sämtliche in dem „Libello accusatorio" enthaltene Details,[124] sondern vor allem auch gegen die unverhohlen hetzerische Argumentationsweise des Josias Thorstraten, dessen „Künsteleyen (...) bey einem Richter, wo das Audiatur altera pars noch etwas gilt, nichts würken (...)."[125]

Das folgende Zitat aus der Defension zeigt, daß die Einstellung des Ober- und Landgerichtsadvokaten wohl nicht mehr unbedingt die gängige Auffassung widerspiegelt, und berührt eine Reihe zentraler Probleme zwischen jüdischen Hausierern oder auch Vaganten und der Obrigkeit:[126]

(…)

23. Das erste indicium gehet ex intentione fiscalitia auf die qualitatum personarum, wornach Inquisiti nicht nur als solche Leute vermeintlich beschrieben werden, zu denen man sich der That wohl versehen könne, sondern wornach, sie auch als Taugenichter, Lediggänger und Landes=Streicher, die sich mit nichts legitimiren können, angesehen werden. Nicht zu gedenken

24. daß in ficto casu selbst nach der Carolina in § XXV dieses indicium zu den gemeinen Anzeigen gerechnet werden, noch daß der Vorwurf daß Inquisiti Juden sind, als welches von ihrer Gebuhrt, wozu Niemand etwas beytragen kann, ihnen nicht nachtheilig seyn muß (...). Und da nur

25. derjenige für ein Landstreicher und Vagabund in denen Rechten gehalten wird, der vagante lebet, und wo nicht constiret, woher er solche sumtus nehme so qualificiren sich Inquisiti abermahls als solche nicht, da man sie bey keiner Verschwendung betroffen, und sie

Jüdischer Altkleiderhändler. (aus: C. Suhr, Der Ausruf…, Hamburg 1808)

durch ihr Hausieren-Gehen, als wovon sich so viele Tausend Juden ernähren müssen, ihren Unterhalt finden können. (…) Und was endlich noch
26. von denen ex religione entspringenden principiis der Juden bey diesem vermeintlichen Judicio angeführet worden, wornach sie sich berechtigt halten, die Christen zu bestehlen und daher ein sicheres und schleichendes Übel in einem Lande seyn, so ist ersteres unerwiesen, und würde in posito sed non concesso casu allemahl ein starkes mitigans abgeben ratione des letzeren aber kann es für Inquisiten genug seyn, daß denen Juden in diesen Herzogthümern die Besuchung der Jahr=Märkte bis dato nicht untersaget sey, mithin sie durch ihren Aufenthalt kein Verbrechen begangen.

27. Zur Erwegung eines Verdachts sind in § 278 der jenseitigen Anklage die Familien und Erziehungsumstände der Inquisiten abermahls in Anregung gebracht, und in der Folge ex fama, et vita ante acta ein vermeintliches Indicium gezogen (...)."[127]

Gegen Josias Thorstratens Art der „Beweisführung" argumentiert der Verteidiger unter anderem mit dem Bibelzitat:
„Denn es ist nach der Heiligen Schrift so gar gegründet, daß der Sohn nicht tragen solle die Mißethat seines Vaters."[128]

In den letzten Paragraphen seiner gründlichen Defensionsschrift nimmt Josias Hoë noch einmal konkret Bezug auf die zur Diskussion stehende Tortur zur Erzwingung von Geständnissen. Sie sei in diesem Fall nicht angezeigt, zumal die Angeklagten ohnehin schon viel zu lange im Gefängnis festgehalten worden seien und während dieser drei Jahre erhebliche Gesundheitsschäden erlitten hätten.[129] Im weiteren begründet er seine Ablehnung der Folter mit allen gängigen Argumenten der damaligen Diskussion unter Juristen. Schließlich plädiert er auf Freispruch. Wie er selbst die Erfolgsaussichten seiner Verteidigung einschätzte, ist nicht zu erfahren. Sicher ist nur, daß ohne größere Verzögerung die obrigkeitliche Erlaubnis zur Tortur erging und die drei Juden am 12. Oktober nach allen Regeln der Kunst gefoltert wurden.[130]

Das Ergebnis war, daß Philipp Salomon den Qualen nicht standhalten konnte und ein umfangreiches Geständnis ablegte.[131] Auf die Fragen der Inquirenten hin schildert er nach und nach den Tathergang. Er habe zusammen mit Abraham Hirsch acht Tage vor dem Einbruch die Waren der Witwe Bachwitzen ausgekundschaftet. Nathan David und Abraham Hirsch hätten dann in der fraglichen Nacht das Fenster aufgebrochen, den Schrank mit einem Dietrich geöffnet und „Dampf gemacht", während er selbst einige Häuser weiter Schmiere gestanden hätte. Gemeinsam hätten sie dann die Sachen abtransportiert und in einer Kuhle zwischengelagert. Ziemlich glaubhaft schildert Philipp Salomon seine Rolle als von den Dieben kurz zuvor für diese Hilfestellungen angeworbener und bis dato unbescholtener, jedoch in zunehmende Not geratener Handelsjude.

Doch das schützte ihn nicht davor, zum Tode verurteilt zu werden, während die anderen beiden „nur" mit lebenslanger Karrenstrafe[132] auf Munckholm bestraft werden konnten, da sie trotz wiederholter

Gegenüberstellungen mit dem Geständigen und schwerster Torturen nichts zugegeben hatten. Philipp Salomon sei, so das Ober-Gericht in Gottorf, am 23. Oktober 1767 „wegen seiner nunmehro eingestandenen Theilnehmung an dem, bey der Wittwe Bachwitzen begangenen furto qualificato, anderen zum Exempel, mit dem Strange vom Leben zum Tode zu bringen."[133] Drei Monate später jedoch begnadigte ihn König Christian VII.:

„(...) indessen ihn viele Umstände das Wort reden und ihn einiegermaßen entschuldigen; So haben Wir Uns bewogen gefunden, ihn nach Unserem eigenen Vorschlagen, das Leben zu schenken und die Todes-Strafe in eine Karren-Strafe zu verwandeln, zu welchem Ende ihr denn denselben nach Rendsburg in die Karre bringen laßen sollet (...)."[134]

Das endgültige Urteil erging im März 1768.[135] Nathan David und Abraham Hirsch gelang bereits ein Jahr später die Flucht.[136] Von Philipp Salomon sind vor seiner Flucht im Jahr 1777[137] noch einige Gnadengesuche erhalten,[138] in denen er seine Nöte farbig schildert. Seine Frau Hanna, zu der er so lange wie möglich Briefkontakt gehalten haben will, sei, so schreibt er, in der Zwischenzeit aus lauter Kummer schwer erkrankt und schließlich gestorben.

4.2. Die Frauen

Das Schicksal Hannas, der Ehefrau Philipp Salomons,[139] zeigt ein Maß von Abhängigkeit, das für sie existentielle Auswirkungen hat. Die Gefangenschaft ihres Mannes hatte sie in eine Lebenssituation gebracht, die sie nicht bewältigen konnte. Demgegenüber haben die Frauen aus dem Umfeld Nathan Davids, seine Frau Sara, seine Schwester Ester und auch seine Mutter Thobe Strategien und Eigenschaften entwickelt, die ihnen dabei halfen, mit den Wechselfällen im Leben ihrer Männer zurechtzukommen bzw. sich bis zu einem gewissen Grad von diesen unabhängig zu machen.[140]

Bevor jedoch alle verfügbaren Informationen über die Jüdinnen, ihre Lebenweise und Lebenssicht im einzelnen ausgewertet und detailliert interpretiert werden, sollen die vier Frauen, d.h. Nathan Davids Frau, Schwester und Mutter sowie Philipp Salomons Frau, im folgenden zunächst mit Hilfe der in den Prozeßakten über sie erhaltenen Nachrichten vorgestellt werden. Es geht dabei vor allem darum, durch eine Zusammenstellung von geeignetem Quellenmaterial und einigen wenigen Kommentaren einen ersten Eindruck von den Frauen zu bekommen, ein Bild, das sich vielleicht im Laufe der anschließenden tiefergehenden Untersuchung verändern wird, aber dennoch helfen soll, die Beschäftigung mit ihnen übersichtlicher, anschaulicher und lebendiger zu gestalten.[141]

4.2.1. Sara

Nathan David hat „eine Frau mit Namen Sara gehabt, und wäre derselbige mittelmäßiger Statur, die Frau aber groß und starck gewesen."[142]

Groß und stark, so wird Sara von mehreren Zeugen beschrieben. Leider sind dies die einzigen Informationen über ihr Äußeres. Mehr ist über ihre Lebensumstände zu erfahren. Nathan David war ihr zweiter Mann und mehr als zwanzig Jahre jünger als sie. Als 44jährige Witwe hatte sie ihn um 1757 geheiratet[143] und war seitdem Mitglied einer der wenigen jüdischen Familien in der Flensburger Gegend.[144] Nathan Davids Angehörige, seine Mutter Thobe, sein Stiefvater Levin Meyer und die Halbgeschwister Marcus und Ester, wohnten damals schon ungefähr zehn Jahre in einem Wedinger Krughaus.[145] Als später von Flensburg aus gegen Nathan David und seine „diebische Familie" ermittelt wird, sind die Wedinger Bürger, allen voran der Wirt Jürgen Knutzen, hochbegehrte Zeugen für den Nachweis eines verdächtigen Lebenswandels der Juden. So auskunftsfreudig wie erwünscht, zeigt sich Jürgen Knutzen allerdings nicht. Daher erfahren wir von ihm über Sara nur, daß sie, ebenso wie ihr Mann, ab und zu nach Weding, in sein Wirtshaus zur Familie ihres Mannes gekomen sei, und zwar „ohne Führung einiger Sachen", und daß sie sich offenbar ansonsten „allhier in der Stadt",[146] also in Flensburg, aufgehalten hat. Diesem Hin- und Herpendeln zwischen ihrem zeitweiligen Wohnort Flensburg und dem nahegelegenen kleinen Dorf Weding war eine Zeit des Umherziehens vorangegangen. Sara sagt über diese Zeit, sie sei in den Jahren nach der Hochzeit „theils alleine, theils mit ihrem Mann im Lande herum und zwar nach Tondern, Hadersleben und wieder nach Itzehoe gereiset."[147]

Doch auch die folgende etwas seßhaftere Phase des Aufenthalts in Flensburg bot keineswegs eine stabile Lebenssituation, sondern beide, Nathan und Sara, waren auf verschiedene Erwerbsquellen und Unterkünfte angewiesen. In einer dieser Unterkünfte, bei dem Kannengießer Scherfenberg, trafen sie auf die Wachtmeisterin Catharina Linde, die dem Flensburger Gericht später aufs eifrigste mitteilt, was sie über das jüdische Ehepaar weiß. Unter anderem erzählt sie, daß „die Jüdin Sara (...) bey ihrem Auffenthalt hieselbst in Jargensbue[148] viel ihren Gang gehabt" habe. Sara „sey in verschiedenen Häußern daselbst sehr oft aus- und eingegangen"[149] und hätte, „als sie zu gleicher Zeit mit der Zeugin in des Zinnengießers Haus logirt, zum öftern sich verlauten laßen, daß sie nach Jürgensbye zu gehen nöthig gehabt."[150] Auch hätten sich bei Nathan und Sara „von Zeit zu Zeit andere Juden (...) eingestellet."[151]

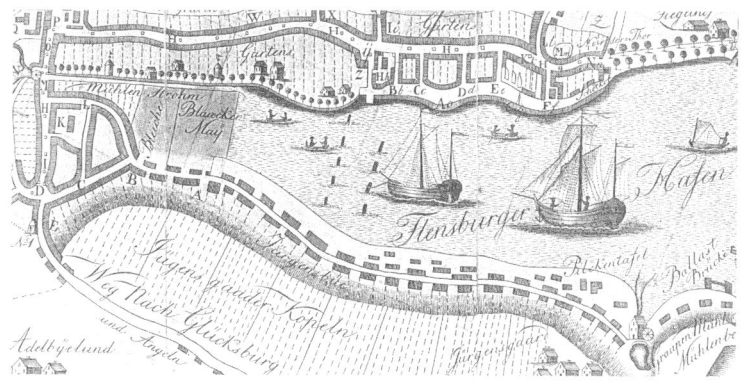

»Jürgensbye« am Ostufer der Flensburger Förde, 1779 (H. J. Jürgensen, Plan des Flensburger Stadtfeldes, 1779, Ausschnitt)

Eine weitere Zeugin, Margarethe Hambrosche, sagt aus, daß Sara „zu einigen Mahlen im Marckte bey ihr logirt gewesen" und weiter, ihr sei „von einigen Sachen, so der Jude Nathan David, deßen Ehefrau Sara oder andern von deßen Familie entweder hier in der Stadt oder in Jurgensbye bey Weding versetzt, gar nicht das geringste bewußt, ohne daß die Catharina Linde ihr (...) erzählet, und sich deshalb beklagt, daß sie bey der Jüdin einige Sachen versetzet."[152] Sie antwortet damit auf den Bericht der Wachtmeisterin, Sara habe, wie auch die Familie ihres Mannes, häufig Sachen versetzt, so z.B. „Zwey Lackens" in „Otzens Keller auf dem Südermarkt".[153] Augenscheinlich hat Catharina einen persönlichen Grund für ihre eifrigen Aussagen über das Versetzen, fühlte sie sich doch von Sara hintergangen, da sie mit einem Gläser „in Process gerathen" war, nachdem Sara ihr ihre „Sachen betrieglicherweise aus den Händen gespielet"[154] haben soll.

Zum Zeitpunkt dieses Vorfalls war Nathan David offenbar bereits in Tondern inhaftiert. Man hatte ihn 1759 verhaftet. Er selbst sagt aus, seine Frau „wäre nun in Hamburg so lange er arretirt gewesen."[155] Nach einer Aussage Catharina Lindes aber ist Sara in dieser Zeit „zwischen Flensburg, Tondern und Schleswig herumgewandert".[156]

Jürgen Knutzen sagt dazu, er „hätte jedoch diese Sara zuletzt nach Schleswig gefahren, weiln ihr Mann damals zu Tundern des Gefängnisses sollte seyn entlaßen worden, und sie nach ihrem Vorgeben, wegen Schaden Erstattung, in Schleswig klagen wollten. Nach der Zeit hätten sie keine von ihnen gesehen, indem die alten sich auch wegbegeben (...)."[157]

Die Wachtmeisterin aber ist auch über die folgende Zeit unterrichtet:

„Er sey zwar nach vollendetem Prozess mit der Verwarnung die hiesigen Lande zu räumen und selbige nicht wieder zu betreten dorten ohne weitere Strafe entlaßen worden; habe sich aber seitdem mit seiner Frau Sara (...) in Rendsburg, wo sein Cammerad Sueskind, welchen Deponentin ausdrücklich des Nathan Davids Schwager nennet, in die Karre gehen müßen, heimlich aufgehalten, beym Wall im sogenannten Blauen Lamm daselbst. Seine Frau Sara aber habe der zeit das Malheur gehabt, alls eine diebische Unterhändlerin entdecket und der Stadt Rendsburg verwiesen zu werden."[158]

Die Rendsburger Prozeßakten[159], die das Flensburger Gericht daraufhin anfordert, um zu beweisen, daß auch Nathan Davids Frau von schlechtem Charakter und in kriminelle Handlungen verstrickt sei, und somit das Bild der „Diebes=Rotte" zu vervollständigen, geben näheren Einblick in Saras Versuche, ihren Lebensunterhalt, und teilweise auch den ihrer Familie zu sichern. Zusammen mit ihrer jungen Schwägerin Ester hält sie sich einige Monate in Rendsburg auf, um deren Verlobten während seiner Karrenstrafe zu helfen.

Als Ester im März 1762 in Rendsburg mit einem Seidentuch und einer Samtkappe gesehen wird, fordert man die Frauen vor Gericht, um zu erfahren, wie sie an die als gestohlen angezeigten Kleidungsstücke gekommen seien. Sara sagt aus, daß sie beides zwei bis drei Wochen vorher von Alexander Berend, dem Bräutigam Esters, gekauft habe und er ihr versichert hätte, daß die Sachen „nicht gestohlen Gut wären". Während Ester das Seidentuch behalten durfte, hat sie auf Anraten ihrer Schwägerin die schwarze Samtkappe im „Lumbert"[160] versetzt.

Neben den üblichen Angaben zur Person interessiert das Gericht vor allem, wie und wo beide Frauen in Rendsburg leben, d.h. ob ihre Lebensweise verdächtig ist, ob man sie als „diebische Unterhändlerinnen" einstufen kann. Zu diesem Zweck verhört man Rendsburger Einwohnerinnen und Einwohner, die durch ihre ganz alltäglichen Kontakte zu den beiden Frauen Näheres wissen und vielleicht deren Behauptungen widerlegen, die Jüdinnen als notorisch unehrlich entlarven könnten.

Den Aussagen nach wohnt Sara seit einiger Zeit im „Blauen Lamm", einem in der Rendsburger Altstadt am Wall gelegenen Wirtshaus, also außerhalb des jüdischen Viertels „Neuwerk".[161] Die Ehefrau des Wirts Daniel Lustig, Triencke, erzählt,

„[von] den beyden Jüdinnen Sara und Ester wäre erstlich Sara vor ohngefehr 10 Wochen in ihr Haus gekommen und zwar alleine. Nachdem sie 8 Tage bey ihr logiret, wäre sie auf 6 Tage weggereiset zu ihrer Mutter, welche, so viel sie von Sara vernommen, diesseits Flensburg wohnete,[162] sie wäre ohngefehr 6 Tage abwesend gewesen / seyt der Zeit wäre Sara immer hier in Rendsburg gewesen /, vorher hatte sie weder Sara noch Ester gekannt. So viel sie in Erfahrung gebracht, hätte Sara vorher in der Neuen Straße gewohnt (...)."

Ein wenig anders lautet die Aussage Daniel Lustigs, der angibt, die Frauen „wären zuerst kurtz vor letzten Weynachten in sein Hauß gekommen und wären ab- und zu gereiset", und nach einigem Zögern auch erzählt, „daß vor 2 bis 3 Jahren Sara mit ihrem Mann eine Nacht in seinem Hauße logirt (...)."

Von Sara selbst erfahren wir noch, daß sie, bevor sie bei dem Ehepaar Lustig im „Blauen Lamm" einzog, für „ohngefehr 8 Tage" bei einer Soldatenfrau in deren Bude in der Neuen Straße untergekommen war, wie bereits zwei Wochen im vorhergegangenen Sommer. Auch die Zeugin Lucia Elisabeth Carlson, die Frau eines Nachtwächters, will Sara und Ester in jenem Sommer ab und zu beherbergt haben.

Ähnlich variantenreich wie diese Angaben zu den Aufenthaltsorten und -zeiten Saras in Rendsburg ist, was das Gericht über ihre Tätigkeiten, ihren Besitz, ihr „Wirtschaften" dort zu wissen bekommt. Während Triencke angibt, „Sara hätte mehrentheils ihre Zeit mit Nehen zugebracht", ist Sara, ihren eigenen zögerlichen Angaben nach, einer Frau, Sabina Bocken, Lohn für Nähen und Waschen schuldig geblieben. Lucia Elisabeth Carlson hat ebenfalls für die beiden Jüdinnen gewaschen, und zwar die Kleidung des Alexander Berend, dessen Karrenstrafe laut Daniel Lustig der eigentliche Grund für den Aufenthalt der beiden Frauen in Rendsburg sei: „Seines Wißens hätten sie hier nichts anders zu thun gehabt als den Juden-Esclaven reinlich zu halten."

Eine Vorstellung davon, wie sie versuchten, seine und ihre eigene materielle Versorgung zu gewährleisten, vermittelt die Aussage der Sabina Bocken:

„(...) erschien Sabina Bocken, eines abgedanckt Musquetier und Schuster-Gesellen Ehefrau und weyland Hans Nossen Tochter, welche sich bey dem Schlachter Jacob Nicolai zur Miete aufhält, und deponirte praevia admonitione de veritate dicenda. Mit denen beyden Jüdinnen, welche im Blauen Lamm logirten und Sara und Ester hießen, wäre sie etwa 5 Wochen nach Michaelis dadurch bekannt geworden, daß Sara, welche derzeit schon im Blauen Lamm logirte, ihr etwas zu nehen gebracht nemlich 4 bis 5 Stremel von alten Musselin mit Spitzen ein Manns-Hemd, eigengemahl [sic] Leinen ohn Manschetten so ausgebeßert worden. Eine Schürtze von alten weißen Kattun, ein paar Stremels von gedachter Art ein Schräg-Tuch mit Spitzen, ein schwartzes Sammitten Bullen-Brett, abermahls etliche Stremels, ein neu Hemd von grober Leinwand, etwa à Ellen 7 ßl[163] desgleichen ein Manns Hemd ausgebessert, 4 Hauben Köpfe, 2 Kinder-Mützen, eine Tasche für Ester, weiter könnte sie nichts erinnern, außer daß sie noch 20 ßl von ihr zu fordern. Ausserdem hätte sie ihr noch etwas baar Geld geliehen und ihre Forderung betrüge anjetzo, laut übergebene Designation 6 Mk 1/2 ßl."

Das Versetzen, aber auch das häufige Wiedereinlösen von Kleidung spielt eine zentrale Rolle, ebenso wie das Borgen von Geld entweder gegen Pfand oder auf Treu und Glauben. So ist Sara nach ihren eigenen Angaben „dem Schlachter Jacob Nicolai, der neben ihr wohnete," Geld für Fleisch schuldig, ebenso schulde sie der dort wohnenden Dorothee 6 Rthlr, „welche dieselbe ihr bahr und ohne Pfand geliehen." Auch die Wirtin Triencke ist geduldig mit dem Eintreiben von Geld: „Sie hätte von ihnen 1 Rthlr 4 ßl für Quartier, Licht, Feuerung, auch Bier zufordern, dagegen wäre noch in ihrem

Hause ein Thee-Keßel und eine Caffee-Kanne." Gezahlt und wieder eingelöst wurde, wenn etwas mehr Geld zur Verfügung stand. Unklar bleibt, woher dieses Geld kam, ebenso wie die Sache mit dem Koffer:

„Sie [Sabina Bocken] hätte anfangs etwas Unterpfand gehabt, dieses aber hätte ihr Sara abgelockt mit denen Worten, sie wollte solches in ihren Coffre schließen, wo der Coffre stünde hätte Sara ihr nie recht sagen wollen. Nur so viel hätte sie gesagt, daß sie einen Coffre in der Neuen-Straße stehen hätte. Von andern Umständen wäre ihr nichts bekannt, die Caffe-Bohnen hätte Sara ihrem Vorgeben nach aus ihrem Coffre geholt, den Thee desgleichen."

Von den übrigen Zeuginnen und Zeugen will aber niemand etwas von Besitztümern der Jüdinnen „außerhalb ihrer Logis" wissen, und Sara schließlich erklärt, sie habe „den Thee und den Caffee selber gekauft und nur aus Spaß gesagt, daß sie solche aus ihrem Coffre gehohlt."

Das Rendsburger Gericht erfährt also einiges über eine Vielzahl von Kontakten zur einheimischen, nichtjüdischen Bevölkerung. Von Beziehungen zu Mitgliedern der zur damaligen Zeit relativ großen jüdischen Gemeinde Rendsburgs ist nicht ein einziges Mal die Rede, und da Sara mit Ester auch bei Nichtjuden, in der Altstadt,[164] wohnte, ist anzunehmen, daß sie durch ihre vielfältigen Interaktionen mit Angehörigen der einheimischen städtischen Unterschicht in mancher Hinsicht mehr profitieren konnte, als etwa durch Hilfsgesuche an die jüdische Gemeinde.[165]

Am 30. März 1762, zwölf Tage nach Beginn der Befragungen, endet der Rendsburger Prozeß relativ undramatisch:

„Da nach Erwegung sämtlicher derer arretirte 2 Jüdinnen Sara und Ester halber gehaltenen Verhöre à Senatu beschloßen worden, daß, wenn solche die Arretirungs-Kosten bezahlen und die im Lumbert versetzte Sammit-Kappe einlösen und zunebst dem seidenen Halß-Tuch an die Eigenthümerin unentgeltlich extradiren würde, so dann selbige zur Stadt hinaus gebracht, vorhero aber ihnen ernstlich bedeutet werden sollte bey Vermeidung der Zucht-Hauß-Strafe nicht wieder anhero zu kommen, alles mit Vorbehalt der, von denen, so sie beherberget, verwürckten Königl. und Obrigkeitlichen Bruche, und denn heute des Claus Lenschen Ehefrau damit friedlich zu seyn declariret, auch die Jüdin Sara die Kappe einzulösen und die 16 Mkl 8 /[166] Detentions und Zehrungs-Kosten so gleich zu verschaffen sich anheischig gemacht, so wurde der Sara ein Stadt-Diener mitgegeben um die Kappe aus dem Lumbert zu hohlen. Sie brachte die Kappe und diese wurde nebst dem seidenen Tuch der Frau Lenschen überliefert. Die 16 Mkl 8 / wurden auch von der Sara überbracht und dem Gerichts-Diener gegeben. Nachdem dieses geschehen, wurden ihr ihre Sachen extradiret."

Drei Jahre später wird der Rendsburger Vorfall in der Anklageschrift gegen Saras Ehemann Nathan David und dessen Mit-Inquisiten weniger nüchtern bewertet und gegen Nathan verwendet:

„Aus diesen Rendsburgischen Acten ist zur näheren Erläuterung der Familien-Umstände des Nathan Davids und zum Behuf der gegenwärtigen Inquisition noch folgendes zu bemerken. (...)
4) Daß beyde Inquisitinnen Sara und Esther durch ihre kunstlich wiewohl offenbar fingirte Aussagen als solche Personen sich kenntlich machen, die aus einer bewehrten Diebes-Familie alle zur Dieberey und eludirung gerichtlicher Untersuchung dienende Kunst-Griffe vollkommen inne haben (...)."[167]

In dem Rendsburger Gerichtsverfahren wie auch in den anderen beschriebenen Interaktionen mit ihrem nichtjüdischen Umfeld hat Sara großes Stehvermögen bewiesen. Das kann jedoch nicht darüber hinwegtäuschen, daß es unter den äußerst widrigen Umständen auch Momente größter Bedrängnis gegeben haben muß, vor allem dann, wenn sie durch körperliche Schwäche auf Hilfe von außen angewiesen war, und sie sich diese noch nicht einmal selbständig organisieren konnte. Deutlich wird dies an den Nachrichten über die Geburt eines ihrer Kinder: Obwohl Sara, falls ihre Angaben über ihr Alter der Wahrheit entsprechen,[168] bei ihrer Hochzeit bereits Mitte Vierzig war, soll sie in ihrer Ehe mit Nathan David drei Kinder geboren haben, von denen allerdings keines überlebte.[169] Nathan sagt darüber vor Gericht:
„Er habe 2 bis 3 Kinder mit ihr gehabt, nemlich 2 Söhne und eine Tochter, wovon eins gestorben in Husum, eines in Flensburg, und das 3te auf einem Dorffe bei Friedrichstadt. (...) [Sie wäre] mit einem Kinde in Wochen gekommen, weil er in Tondern gesessen, da sie in Husum der Zeit ihr Wochenbett gehalten."[170]

Über die Geburt und den Tod eines der Kinder existieren zahlreiche Zeugenaussagen, die überraschenderweise sehr widersprüchlich sind, und zwar in dem Sinne, daß keiner der Befragten näher damit zu tun gehabt haben will. Der Kaufgeselle Simon Legant sagt im Januar 1765 vor dem Flensburger Gericht aus, „Nathan David habe auch eine Frau gehabt, die groß und starck gewesen, welche allhie bey Bamberg in Wochen gelegen, dies Kind aber wäre gestorben."[171] Nathan David widerspricht, sie habe „in dieser Stadt nie in den Wochen gelegen, auch nicht bei dem Perruckmacher Bamberg."[172] Dieser selbst gibt ihm recht:

„Der Perrückmacher Johann Wilhelm Bamberg berichtet auf Erfragen, daß er vormals gehabter Unpäßlichkeit halber nicht erscheinen können. Es habe aber die Sara ehemals nicht bey ihm in Wochen gelegen, sondern so viel er sich erinnert, wäre sie ihrer Schwangerschaft halber nach dem Diener Daniel Kraft gebracht worden, und vermeine er, daß sie alda ihr Wochenbett gehalten; das Kind aber wäre gestorben."[173]

Aber auch der verneint:
„Der Diener Daniel Kraft berichtet, daß die Sara bey ihm nicht in Wochen gelegen, aber kranck gewesen, und in solch ihrer Kranckheit 4 Wochen lang bey ihm zugebracht. Vom Ableben des Kindes sey ihm nichts bewußt."[174]

Die Aussage Nathan Davids, seine Frau hätte sich beim Tod des Kindes im Haus des Kannengießers Scherfenberg aufgehalten, wird vom Gericht nicht weiter geprüft, es findet sich in den Befragungen des Ehepaares Scherfenberg kein entsprechender Hinweis. So bleiben die Angaben des Kaufgesellen, daß „das Kind Nathans in Bamberger Hause gestorben", letztlich unwiderlegt:

„Die Judenfrau Sara wäre zu der Zeit dagewesen, und das abgelebte Kind hinten in einem Wagen in Lumpen gelegt und nach Friedrichstadt, oder nach Rendsburg, so er nicht gewiß wiße gebracht worden, um alda begraben zu werden."[175]

Wo auch immer die Geburt genau stattgefunden hat, die äußeren Bedingungen müssen sehr provisorisch gewesen sein, so ist auch von weiblicher Hilfe, etwa durch eine Hebamme, nichts erwähnt. Hätte Sara tatsächlich Kinder großziehen müssen, so wären ihre Flexibilität und damit ihre Möglichkeiten, sich selbst zu versorgen und sich an der Verbesserung der materiellen Lebensumstände ihrer Familie zu beteiligen, stark eingeschränkt gewesen.
Aus diesen Überlegungen ergibt sich die Frage nach den genauen Todesursachen der Kinder. Möglicherweise hatte die Geheimniskrämerei um die Flensburger Geburt ihre Ursache in einer Abtreibung

oder Kindstötung. Da aber keine weiteren Hinweise vorliegen, wird das Für und Wider einer solchen Annahme hier nicht weiter diskutiert werden, um allzu gewagte Spekulationen über eine so wichtige Frage zu vermeiden.

4.2.2. Ester

So viele Turbulenzen hatte Saras junge Schwägerin noch nicht erlebt, bevor sie dem Rendsburger Gericht Rede und Antwort stehen mußte. Doch selbst wenn über das Leben der Halbschwester Nathan Davids für die Zeit vor 1762, dem Beginn des Rendsburger Prozesses nicht viel zu erfahren ist, so zeigen die wenigen vorhandenen Informationen doch, daß auch sie bereits früh mit Unwägbarkeiten konfrontiert wurde und noch vor einer eventuellen Heirat von ihren Eltern fortging, denn von Jürgen Knutzen, dem Wedinger Wirt ihrer Familie wissen wir, daß Ester sich nur „dann und wann" dort eingefunden hat.[176]

Daß sie Alexander Berend, auch Süskind genannt, heiraten sollte, war im Dorf bekannt: „wie des Nathans Schwester Esther mit dem Juden Suskind Hochzeit geben sollen, (...) damalen in Weding von dem Juden die Ansuchung geschehen, ihnen das versetzte Tischzeug verabfolgen zu laßen."[177] Diese Hochzeit hat allerdings offensichtlich verschoben werden müssen, denn das Rendsburger Protokoll vom April 1762, das uns eigentlich erst näher mit Ester bekannt macht, spricht von Alexander Berend noch immer als ihrem Bräutigam. Er war in Tondern verhaftet worden, und seine Braut hat sich gleich dorthin aufgemacht und ist nach ihrer eigenen Aussage die „2 Jahre während des Arrestes ihres Bräutigams" in Tondern geblieben. Als er anschließend nach Rendsburg in die Karrenstrafe geschickt wurde, ging sie wieder mit und unterstützte den „Juden=Esclaven".

Von ihm stammen die fraglichen Kleidungsstücke, die Ester und ihre Schwägerin Sara in Rendsburg vor Gericht brachten. Das „Juden-Mädgen", zu dieser Zeit wohl kaum älter als zwanzig, gibt dort an, „zu Geltin in der Alten Marck Brandenburg" geboren und ungefähr zwei Wochen vor Weihnachten nach Rendsburg gekommen zu sein, um „ihren Liebsten Lexander Berend, welcher aus Tondern anhero in die Sclaverey gesandt worden und noch darin befindlich, zu besuchen. (...) Sie hätte bishero im Blauen Lamm logirt und wollte hier warten bis ihr Bräutigam seine Strafe ausgestanden, welches den 9ten Junii dieses Jahres wäre." Nach der Ankunft Süskinds in Rendsburg um Pfingsten 1761 habe sie sich schon einmal dort aufgehalten, sei aber zwischenzeitlich für längere Zeit nach Flensburg gereist, um „etliche Schillinge mit Stricken und Spinnen zu verdienen." Was sie dem Gericht von da an über ihre Lebensweise erzählt, verrät, daß auch sie, ähnlich wie Sara, viel Mühe und Flexibilität aufwenden mußte, um ihr Auskommen einigermaßen zu sichern:

„Von Flensburg wäre sie nach Friedrichstadt zu einem Juden Namens Berend Klumperich, der ihres Liebsten Vater, gereiset und sich 8 Tage allda aufgehalten, von da wäre sie wieder hieher gereißet und immer zu fuße und zwar alleine gegangen.
Auf der Reise von hier nach Flensburg hätte sie 8 Tage zugebracht, die erste Nacht hätte sie auf der Schäferey Mielberg, die 2te im Dannewerck, die 4te Nacht in Poppholtz zugebracht, von da wäre sie Landwerts eingegangen auf die Dörffer und hätte ihr geknüppelte Spitzen verkauft und wäre endlich wieder nach Översee, und von da nach Flensburg gegangen."

Auch ihre in der Nähe Flensburgs lebende Mutter will sie des öfteren von Rendsburg aus besucht haben. Bevor sie dort ins „Blaue Lamm" zog, hat sie im Sommer 1761 für einige Wochen zusammen mit Sara in der Neuen Straße bei Lucia Elisabeth Carlson gewohnt, der Frau des Nachtwächters, die aussagt, „etliche mahl für den Sclaven Lexander gewaschen" zu haben, wie denn auch die Wirtsleute des „Blauen Lamms" von der Versorgung Süskinds berichten: Sara und Ester hätten „hier nichts anders zu thun gehabt als den Juden-Esclaven reinlich zu halten." Er „wäre dann und wann zu ihnen gekommen und hätte was zu Eßen bekommen."
Was Ester getan hat, um den „Juden-Esclaven reinlich" halten zu können, findet sich in den Zeugenaussagen einiger Rendsburger Frauen angedeute: „So oft sie bey ihr gekommen, hätte sie nichts als ein Bündel bey sich gehabt", sagt Lucia Elisabeth Carlson. Und auch Triencke Lustig will nichts von irgendwelchen Besitztümern der Jüdinnen außerhalb ihrer Unterkunft wissen. Ester habe wohl auch in Rendsburg nicht gehandelt.[178] Was ihr noch an Möglichkeiten blieb, an etwas Geld zu kommen, darüber weiß Dorothea Engel etwas zu sagen, „welche sich bei Jacob Nicolai aufhält, und dessen Frauen in der Haushaltung Handreichung thut":

„Sie wäre etwa um Michaelis denen 2 Jüdinnen, die im Blauen Lamm logirt, und davon die eine Ester hieße, bekannt geworden, weil sie von Schlachter Fleisch gekauft. Sie hätte für solche ein Paar grobe weiße wollene Strümpfe gestrickt, wofür sie 2 Marck l: 10 ßl haben sollte. Durch vieles Bitten hätte sie sich bewegen laßen der Frauen außerdem nach und nach Geld zu leihen, so daß sie anjetzo 23 Mkl 2 ßl von ihr zu fordern hätte, worauf sie kein Pfand hätte, sondern die Juden-Frau hätte sie immer getröstet, daß wenn ihr Mann käme die Bezahlung erfolgen sollte. Vor Weynachten hätte sie der Juden-Frauen 4 Rthlr geliehen, die selbige ihr kurtz vor dem Umschlag ohne Zinsen wieder bezahlt."

Ester selbst erzählt noch von einer der anderen wichtigen Möglichkeiten, an Geld zu kommen. Sie „gesteht",
„daß sie noch einige Sachen im Lumbert versetzt hätte, nemlich einen weißen Keper-Unterrock und eine weiße Neßeltuch-Schürtze, welche sie beide von ihrer Schwiegerin Sara in Elmshorn, als sie zu Lande hereingekommen und sie da sie aus den Hanöverschen Landen dahin gekommen und zwar aus Hannover geschenckt erhalten. Weiter hätte sie im Lumbert nichts versetzt. Die blaue Schürtze und ein Futter-Hemd wären zugleich mit der Sammit-Kappe versetzt worden (...), sie hätte schon einmahl einen Rock versetzt, den ihre Schwiegerin am Leibe hätte und ihr vor etwa 6 Wochen, da dieselbe von hier reisete, zurück gelaßen. Dieser Rock wäre von gestriften Kammelott, und sie hätte ihn vor ohngefehr 6 Wochen wieder eingelöset, nach dem sie von Berend Humperich in Friedrichstadt 5 Mkl durch einen Friedrichstädter Juden, deßen Namen sie nicht wüßte, geschickt erhalten."

Wohl wissend, daß ein Lebensunterhalt auf der Grundlage von Hausieren, Borgen und Versetzen sie in den Augen des Gerichts verdächtig macht, bemüht sich Ester, ebenso wie ihre Schwägerin Sara, „Rechtschaffenheit" zu vermitteln:
„Sie wäre hier niemanden etwas schuldig auch hätte sie für Sara keine Schulden gemacht. Was sie an Eßwahren gekauft, hätte sie jedes mahl bezahlt", und sie ist auch durchaus in der Lage, sich zu verteidigen:

„Auf Befragen, warum sie diese Stücke nicht vorher angezeiget? antwortete sie: weil solche mit auf dem Zettel stünden und man es da sehen könnte. Sie wurde gefragt: ob sie den Lumbert-Zettel lesen könnte und da sie nein antwortete, woher sie denn wüßte, daß es auf dem Zettel stünde? und ergab, daß ers allemahl darauf zu schreiben pflegte."

Ihre eigenen Angaben und die Aussage Alexander Berends, die fraglichen Gegenstände von einem Soldaten gekauft zu haben, bewahren Ester und ihre ältere Begleiterin Sara vor einschneidenden Strafen, jedoch bedeutet das Urteil des Rendsburger Gerichts für Ester, daß sie nun mindestens für einige Monate aus der Nähe ihres Bräutigams fort muß und ihn daher nicht mehr unterstützen bzw. versorgen kann. Der lange Zeit mit viel Mühe aufrechterhaltene Kontakt zu ihm wird, wenn überhaupt, nur noch unter größten Schwierigkeiten möglich sein.

4.2.3. Thobe

„Es wäre reichlich über 3 Jahre, die eigentliche Zeit wüßte er nicht, daß ein alter Jude, Levin Meyer und deßen Frau, welche auch alt, und deren Namen er nicht wüßte, nebst seinem Sohn, von etwa 13 Jahren, mit Namen Marcus, über Jahr und Tag bey ihnen im Hauße zur Häuer gewesen. Die alte Frau hätte beständig geknippelt, und der Sohn zuweilen den Pflug getrieben. Der Mann wäre nicht beständig gegenwärtig, sondern hätte mit den Spitzen, so die Frau verfertiget, auch mit Brillen und sonsten Ihme, Deponenten, und seinen Haußgenoßen unbewußten Kleinigkeiten, kleinen Handel gehabt. Zuweilen wären andere Fremde wandernde Juden mit Sachen da gekommen, hätten eine Nacht sich allda aufgehalten und sodann ihre Reise fortgesetzt."[179]

Levin Meyer ist Thobes zweiter Mann. Aus dieser Ehe stammen ihre beiden Kinder Ester und Marcus. Ihr erster Mann David, der Vater ihres ältesten Sohnes Nathan David, ist nach dessen Aussage früh gestorben und hat keinen Beruf gehabt, sondern den Lebensunterhalt durch Handeln verdient. Über die Zeit vor Thobes zweiter Heirat erzählt Nathan:

„Seine Mutter wäre eine Wittwe gewesen, und die Gemeine hätte selbige unterhalten, und ihn zur Schule gehen lassen."[180]

Warum Thobe diese Versorgungsleistungen nicht weiter in Anspruch nahm oder nehmen konnte, ist leider nicht zu ergründen und kann vielfältige Ursachen haben, die sowohl in den Regelungen und Möglichkeiten der Armenversorgung, in möglichen materiellen Vorteilen einer zweiten Ehe als auch in anderweitigen persönlichen Entscheidungen liegen können.[181]
Auch sonst sind Nathans Aussagen über seine Mutter sehr zurückhaltend. Nur zögernd „gesteht" er, daß er sich nach seiner Entlassung aus dem Tonderschen Gefängnis noch eine Weile in Weding aufgehalten hat, daß seine Mutter bei ihm gewesen ist und ihm vor allem eine wichtige Anfangshilfe geleistet hat: „Er habe von seiner Mutter für 4 bis 6 Rthlr Spitzen gekrigt, womit er gehandelt und immer wieder andere Waaren bekommen."[182]

Eine andere Gerichtsakte jedoch, die sich mit ihrem zur damaligen Zeit 64jährigen Levin Meyer und dessen Vergehen befaßt, belegt die langen Zeiträume, in denen Thobe ohne ihren Ehemann zurechtkommen mußte. Er hat 1761 in Itzehoe „fast ein gantzes Jahr arretiret gesessen."[183] Gefängnisaufenthalte der männlichen Familienmitglieder schienen an der Tagesordnung, und Levin ist, wie das Flensburger Gericht ermittelt hat, auch in der Haft, in Meldorf, gestorben, nachdem er wegen Diebstahls verhaftet worden war.

Aus den Meldorfer Akten von 1763[184] ist zu erfahren, daß Sohn und Schwiegersohn möglicherweise in die Tat involviert waren und Levins Frau ihn mit ihren Kindern zeitweilig auf seinen Reisen begleitet hat.[185] Thobe ist also nicht nur, wie in dem vom Wedinger Wirt beschriebenen Zeitraum, an einem jeweils festen Ort geblieben, um während der Abwesenheit ihres Mannes für die Familie zu sorgen. Von etwaigen allein unternommenen Reisen Thobes ist zwar nichts erwähnt, jedoch hat auch sie aktiven, teils wohl auch selbständigen Anteil an den kleinen alltäglichen Geschäften mit Nichtjuden:

„Peter Fries in Weding deponirt, daß es über 3 Jahre her, daß er von der alten Mutter des Davids, einige kleine Sachen, als grüne Hand Ermeln von Sammit, und etliche weiße Schnupftücher für Ein Rthlr in Pfand gehabt, so aber wieder damals eingelöst worden.
[Jürgen Knutsen] zeigt zugleich an, daß einstens vorher, welches ohngefehr über 2 1/2 Jahr seyn könte, Er von des David Nathans Eltern ein paquet mit etwas alten Kleider-Zeug und geblümten Calmanck für 16 Mk zum Unterpfand gehabt, so sie aber wieder eingelöst und das Geld bezahlt hätten. Weiter hätte er aber nicht, und auch keinen Verkehr mit ihnen gehabt."[186]

Auch bei ihrem Wegzug aus Weding haben Levin Meyer und seine Frau eine Vereinbarung mit ihrem Wirt treffen müssen, dem sie einen „kleinen Rest für Victualien schuldig geblieben [waren], worauf Er bey Ermangelung des Geldes eine, dem Vorgeben nach von Nathan David ausgestellte Handschrift, sub dato Mastrup, den 22ten July 1759 auf 38 Mkl mit einer, den Ansehen nach Hebraischen Unterschrifft zum Unterpfandt empfangen" hat, sowie „ein paar Ringe, die aber Meßing zu seyn, nachhero befunden worden."[187]

Die „alte Mutter des Nathan David" mußte also nach den langen Wedinger Jahren, in denen sie durch nicht nur Zuarbeiten, sondern auch durch „geschäftliche" Kontakte zur dortigen Bevölkerung zum Familieneinkommen beitrug, wieder auf die Landstraße.
Sie hat dies offensichtlich nicht lange überlebt. Die Flensburger Inquirenten wundern sich über die widersprüchlichen Angaben ihres ältesten Sohnes und stellen fest:
„Bey der nemlichen Abhörung in Tondern ist er seiner Außage nach aus Fahlen in der Neumark gebürtig, in seiner Deposition hieselbst hingegen heißt es: zu Wollin an der Neumärkischen Gränze. (b) Eben dieser Nathan David sagt ad art: 24 et 26 rot: sub Lit: B:
Seine Mutter wäre vor Jahres Zeit gestorben, wie ihm solches ein Jude von der Pommerschen Gräntze gesagt, ob sie in Wollin gestorben oder begraben worden, wiße er nicht.
Gleichwohl deponirt er unterm 26ten Febr: a.c. (a) seine Mutter sey in Meuslingen gestorben."[188]

4.2.4. Hanna

Hanna war die Ehefrau Philipp Salomons. Über sie und ihre Lebensumstände erfahren wir hauptsächlich durch ihre eigenen Aussagen, die sie machen mußte, als sie im März 1765 zum zweitenmal innerhalb von sechs Monaten in Flensburg vergeblich um die Erlaubnis bat, ihrem inhaftierten Mann „an Hand gehen zu dürfen."[189]
Wie Sara ist auch sie mit ihren 42 Jahren wesentlich älter als ihr 28jähriger Mann, den sie zehn Jahre zuvor in Halberstadt geheiratet hat. Als sie, verwitwet und als Mutter von zwei Kindern, „welche itzt erwachsen und im hannöverischen sich aufhielten", die Ehe mit Philipp Salomon einging, war dieser noch als „Juden-Schlachter" tätig. Schon bald aber verlegte er sich auf das Reisen. In dieser Zeit

blieb sie meist zuhause, angewiesen auf ihre eigenen Möglichkeiten zum Broterwerb, manchmal jedoch begleitete sie ihn.

„Sie für ihre Person habe sich jederzeit in Halberstadt aufgehalten, und so gut als möglich ernährt, unterdeß ihr Mann bey vorigen Kriegs-Zeiten in Lagern gehandelt, bis vor etwa 3 Jahren, da sie auf Braunschweig, Hannover, Zelle und Hamburg, und zwar am letzteren Ort seit Michaelis ein Jahr, bis dahin sie im Hannöverschen und an genannten Orten von einem Marckt zu anderen herumgezogen; Von Hamburg aus und in Hamburg wäre ihr Mann Handeln gegangen, sie aber zu Haußel geblieben, und habe nach ihrem Vermögen gearbeitet, was sie können."

Sie hatte zwei Kinder mit ihm, die aber nicht überlebten. Kontakt zu seiner Familie habe sie nie gehabt, sagt sie, und wisse auch nicht, ob seine Eltern noch lebten. Auch sonst wüßte sie, wie sie glaubhaft versicherte, „von gar nichts und sei so unschuldig als ein Kind von Mutterleibe". Von ihrem Mann wissen wir allerdings, daß sie ihm vor seiner Festnahme Briefe geschickt hat, also zumindest über seinen Aufenthaltsort informiert gewesen sein muß.[190]

Mit der langen Abwesenheit Philipp Salomons, der sie kurz vor dem Purim-Fest[191] 1764 in Hamburg zurückließ, um „sich hier im Lande einen Dienst zu suchen, weil mit der Handlung nicht viel zu thun gewesen", und er, wie er selbst aussagt, „bei Winter-Tags Zeit keine Frau auf solcher Reise bis nach Copenhagen mitnehmen" konnte,[192] kommt sie nur schwer zurecht. Auch wenn er ihr, wie er angibt, 30 RC[193] dagelassen hat, ist sie zu einem großen Teil auf fremde Hilfe angewiesen. Sie habe „nach der Zeit von Allmosen ihrer Glaubens-Genossen, und wie sie gekönnt, ihr Leben hingehalten" und „wäre wie ein Arm Mensch bald in Schleswig, bald in Rendsburg, Kiel und allenthalben wo Juden wohnen, auf Allmosen eingegangen." Sie befindet sich nun, zumal sie keine Verwandtschaft hat, die ihr helfen könnte, erzwungenermaßen allein auf Wanderschaft und ist den Strapazen kaum gewachsen:

„Den Sommer über habe sie kranck gelegen, und wäre auch itzo von schwächlichen Leibesumständen. Sie wollte von hier wieder zurückgehen und sehen, wie sie durch Allmosen ihr Brod erlangen würde."

Mit der ihr verbleibenden Energie setzt sie sich auch nach ihrem Flensburger Verhör für die Freilassung ihres Mannes ein, wovon einige Bittschriften, die sie an den König gerichtet hat, zeugen.[194] Bittschriften sind es auch, die von ihrem weiteren Schicksal Nachricht geben. Philipp Salomon bittet um seine Entlassung aus der Karrenstrafe und erwähnt dabei seine Frau, deren Briefe immer seltener werden und über die er erfahren hat, „daß selbige nicht mehr sehen und sprechen kann."[195]

Drei Jahre später schreibt er, von seiner Frau seit zwei Jahren kein Schreiben mehr erhalten habe, und daß „sie ohnfehlbar vor Leydt und Kummer mus gestorben sein."[196]

5. Analyse

5.1. Das familiale Umfeld

„[Nathan David] ist angebl. itzo 28jährigen Alters, mehrentheils kleiner unter setzter Statur, und hat vorhin einen Spitzbart getragen, ist vielfältig in Gesellschaft seiner Alten Mutter und seines gegen 60 Jahr alten Stiefvaters, auch seiner eigenen Frauen Sara, die Groß und Starck gewachsen ist, wie auch eines Stiefbruders, Nahmens Marcus, so itziger Zeit gegen 18 bis 20 Jahre seyn könnte, wie auch seiner Schwester Esther als einer Braut des Sueskind gewesen (...)."[197]

So beschreiben die Flensburger Gerichtsherren die Familie Nathan Davids. Den Frauen wird hierbei ebensoviel Aufmerksamkeit geschenkt wie den männlichen Verwandten des Angeklagten. Wie war die Lebenssituation dieser Frauen innerhalb des Familienverbandes? Wie gestaltete sich ihr Lebensweg, und in welche Rollen wuchsen sie hinein, welche Aufgaben hatten sie zu erfüllen, und wie wurde ihr Ansehen, ihre Stellung in der Familie durch ihr Tun beeinflußt?

Über das Aufwachsen Saras, Thobes und Hannas ist kaum etwas zu erfahren.[198] Es ist jedoch ziemlich sicher, daß keine von ihnen aus der Gegend stammt, in der sie sich nach ihrer Heirat bewegt. Mit ihren Männern Nathan David, Levin Meyer und Philipp Salomon sind sie aus ostdeutschen Gebieten in den norddeutsch-dänischen Raum gegangen, wo sich offenbar auch ihr Leben änderte. Spielten zum Beispiel in ihren Herkunftsorten die jüdischen Gemeinden noch eine bedeutsame Rolle für den Einzelnen, ob in Not geraten oder nicht, so gab es im Flensburger Raum nur wenige Juden, zumindest aber nicht genug seßhafte, um feste Gemeinden mit Funktionen eines sozialen Netzwerkes aufzubauen.

Zugehörigkeit besteht nun also nicht mehr zu einer größeren Gemeinschaft, sondern bleibt zunächst auf den Mann und gegebenenfalls auf dessen Familie beschränkt. War in der Heimatgemeinde vielleicht noch eine gewisse Stabilität, ein relativ festes soziales Umfeld vorhanden, das beispielsweise Thobe in ihrer Witwenschaft half, so ist die Lebensweise einer Familie wie der des Levin Meyer und seines Stiefsohnes Nathan David losgelöst von festen Bindungen an eine jüdische Umgebung.[199]

Auch wenn die Familie sich vierzehn Jahre in einem Wedinger Krughaus aufgehalten hat, so verrät doch das, was ihr damaliger Wirt über ihren Alltag berichtet, ein großes Maß an Unwägbarkeiten, an Improvisation und Wechsel.

Jüdischer Kleinhändler (aus: C. Suhr, Der Ausruf ..., Hamburg 1808)

„Es wäre reichlich über 3 Jahre, die eigentliche Zeit wüßte er nicht, daß ein alter Jude, Levin Meyer und deßen Frau, welche auch alt, und deren Namen er nicht wüßte, nebst seinem Sohn, von etwa 13 Jahren, mit Namen Marcus, über Jahr und Tag bey ihnen im Hauße zur Häuer gewesen. Die alte Frau hätte beständig geknippelt, und

der Sohn zuweilen den Pflug getrieben. Der Mann wäre nicht beständig gegenwärtig, sondern hätte mit den Spitzen, so die Frau verfertiget, auch mit Brillen und sonsten Ihme, Deponenten, und seinen Haußgenoßen unbewußten Kleinigkeiten, kleinen Handel gehabt. Zuweilen wären andere Fremde wandernde Juden mit Sachen da gekommen, hätten eine Nacht sich allda aufgehalten und sodann ihre Reise fortgesetzt. Was es aber vor Sachen gewesen oder womit sie gehandelt, wüßte Deponent nicht anzuzeigen, weilen sie, wie vermerket, nur eine Nacht in seinem Hauße, da er Wirtschaft hätte, sich aufgehalten. Der Jude Nathan David, welchen Deponent für der beyden alten Sohn hielte, wäre auch zuweilen mit einem anderen Juden, Namens Hirsch, da gekommen. Sie hätten keine Packen gehabt, sondern weiter nichts als ihren Wanderstab. Des Nathans Frau, Nahmens Sara, wäre gleichfalls ab und zu da gewesen, jedoch ohne Führung einiger Sachen, indem selbige, wie Deponent damals vernommen, sich die meiste Zeit allhier in der Stadt sollte aufgehalten haben.(...)
Der weiteren Anzeige nach, sollten die Alten Juden, die sich in Weding aufgehalten, auch eine Tochter Namens Esther, die sich dann und wann bey ihnen eingefunden, und einen von denen in Tondern arretirt gewesenen Juden zum Bräutigam gehabt."[200]

Beständig sind demnach nur die Anwesenheit und das Klöppeln Thobes, der alten Mutter. Alle anderen Familienmitglieder, außer vielleicht in den ersten Jahren der jüngste Sohn, sind nur ab und zu in Weding und ansonsten damit beschäftigt, auf die verschiedenste Weise den Lebensunterhalt zu verdienen.

5.1.1. Aufgaben- und Machtverteilung

Was wir zunächst über Thobe erfahren, läßt sie als stille, emsige Hintergrundfigur erscheinen. Obwohl nur sie fast ständig anwesend ist, ist sie die einzige, deren Namen der Wirt nicht kennt. Bei all dem Kommen und Gehen ihres Mannes, ihrer erwachsenen Kinder und Schwiegerkinder und fremder Juden, bleibt sie und klöppelt. Damit leistet sie einen entscheidenden Beitrag zum Familieneinkommen, denn Mann und Sohn bauen einen wesentlichen Teil ihrer Handelstätigkeit auf Thobes Produkten auf. So erzählt Nathan David, „sein Stiefvater habe sich (...) auf dem Lande aufgehalten, die Mutter aber geknippelt und jener die Arbeit wieder consumirt oder verhandelt",[201] und er selbst habe nach seiner Entlassung aus dem Tonderschen Arrest „von seiner Mutter für 4 bis 6 Rthlr Spitzen gekriegt, womit er gehandelt und immer wieder andere Waaren bekommen."[202]

Ist sie in der Wedinger Zeit der Stabilitätsfaktor im Familienleben, die Zentrale, einfach die Mutter, zu der alle hin und wieder von ihren Reisen kommen, um versorgt zu werden und Nachrichten auszutauschen? Hat sie ansonsten mit den „Geschäften" ihrer Verwandten nichts zu tun und wartet passiv auf das, was kommt, leidet, wenn wieder einer der Männer verhaftet wird oder wegen anderer unerfreulicher Entwicklungen besonders lange abwesend ist?

Vor allem die oben wiedergegebene Aussage Jürgen Knutzens legt solche Vorstellungen nahe, besonders im Vergleich mit der den Frauen im jüdischen Familienverband zugeschriebenen Rolle, wie sie von der heutigen Forschung für die jüdischen Unterschichten als real angenommen wird.[203]

Es gibt aber durchaus Hinweise darauf, daß Thobes Lebensweise wesentlich differenzierter und weniger zurückgezogen ist. Neben Aussagen, die zeigen, daß sie und ihr Mann im Kontakt zur einheimischen Bevölkerung - beispielsweise beim Verhandeln mit ihrem nichtjüdischen Wirt - gemeinsam auftreten, macht dies die Bemerkung des Wedingers Peter Fries ganz deutlich. Er habe „von der alten Mutter des Davids einige kleine Sachen, als grüne Hand Ermeln von Sammit, und etliche weiße Schnupftücher für Ein Rthlr in Pfand gehabt, so aber wieder damals eingelöst worden."[204]

Betrachtet man außerdem die langen und ungeregelten Zeiten der Abwesenheit ihres Mannes wie auch ihres Sohnes, so erscheint es fast zwingend, daß auch sie in einem großen Umfang Entscheidungsträgerin war, zumal die Reisen der Männer durchaus nicht immer die erhofften Einkünfte brachten, sondern oft mit deren Verhaftung und damit längeren Handlungsunfähigkeit endeten. Die Rolle, dem Ernährer lediglich zuzuarbeiten, ließ sich nicht durchhalten, oft lag die Hauptlast der Überlebenssicherung auf ihren Schultern, sie mußte die Initiative ergreifen und improvisieren. Hierbei bildete, wie auch später noch deutlich werden wird, das Versetzen, hauptsächlich von Kleidungsstücken, eine zentrale Einnahmequelle und wurde von allen Familienmitgliedern immer wieder praktiziert.

Solcherlei eigenständige Beiträge zum Überleben haben nicht

zuletzt einen beträchtlichen Einfluß auf die Verteilung der Macht innerhalb des Familienverbandes. Levin Meyer, über den gesagt wird, er habe „durch beständiges Läugnen zu einer weitläuffigen Inquisition Anlaß gegeben, und sich dabey in seiner Verantwortung und Außagen als einen vorzüglich ausgelerneten und verschmitzten Dieb gezeiget, der in seinen jüngeren Jahren fast halb Europa in Teutschland, Pohlen und Moscau durchgereiset und verschiedene Sprachen können",[205] wird also nicht uneingeschränkt die Rolle des Familienoberhauptes zugekommen sein.

Für die Zeit nach dem langen Aufenthalt seiner Familie in Weding gibt das vom Flensburger Gericht angeforderte Meldorfer Protokoll von 1763 Auskunft und beschreibt eine Zeit des gemeinsamen Umherziehens, wobei Levin mit seinen Söhnen und seinem Schwiegersohn offenbar in Diebstähle involviert ist, bei entsprechenden Befragungen aber wiederholt die Verwandtschaft mit ihnen zu verschleiern sucht, wie er auch über seine übrige Familie nur zögerliche Angaben macht.[206] Es besteht also immer wieder die Notwendigkeit zu räumlicher Distanz, ja auch zum Abbruch jeglichen Kontakts zu seiner Familie, einfach um diese aus seinen Schwierigkeiten herauszuhalten, wie es ihm auch von den Inquirenten vorgeworfen wird.[207] So muß Levin oft und für lange Zeit auf seinen direkten Einfluß auf das tägliche Leben seiner Verwandten verzichten. Es stellt sich die Frage, ob er trotzdem zumindest ideell als der Kopf der Familie angesehen wurde, ob er vielleicht in den Zeiten des Zusammenseins auf seine führende Rolle besonderen Wert legte, oder ob ein stilles Einverständnis über geteilte und gemeinsame Verantwortung bestand. War er es, der den Entschluß faßte, Weding zu verlassen und mit Frau und Kindern auf Wanderschaft zu gehen, oder wurde von der ganzen Familie die ökonomische Notwendigkeit gesehen, die Lebensweise noch einmal entscheidend zu verändern? Geschah der Meldorfer Diebstahl unter seiner Federführung oder eher auf Initiative der jungen Männer, die den „alten Vater" in ihr Vorhaben einspannten und ihn dann bei der Flucht zurücklassen mußten, so daß er kurz darauf allein im Meldorfer Gefängnis starb?

Letztlich ist die Frage des Umfangs und der Art seiner Autorität innerhalb des Familienverbandes nicht zu klären. Was aber als sicher angenommen werden kann, ist, daß seine Lebensführung den Frauen seiner Familie ein beträchtliches Maß an Selbständigkeit je nach Sichtweise abforderte oder ermöglichte.

Wesentlich mobiler als das Leben der Thobe gestaltet sich das der nächsten Frauengeneration der Familie, wobei Sara allerdings vom Alter her ihrer Schwiegermutter weit näher steht als ihrer Schwägerin Ester.

Wenn Sara nur ab und zu und auch nicht immer gleichzeitig mit ihrem Mann bei dessen Familie wohnte, so ist dies ein Hinweis darauf, daß sie ihren Lebensunterhalt relativ selbständig bestritt, aber Vorteile durch ihre Aufenthalte bei der Schwiegerfamilie erwarten konnte, wie z.B. eventuelle materielle Unterstützung, möglicherweise durch von der Schwiegermutter geklöppelte Spitzen, die sie dann auf ihrer Wanderschaft, ihrem „Gang", z.B. in Jürgensbye, verkaufen konnte. Genauso aber ist es möglich, daß eher Saras Schwiegerfamilie auf Nathans Frau als aktiv zum Lebensunterhalt beitragendes Mitglied zählte.

Sara kam meist „ohne Führung einiger Sachen", ein Hinweis darauf, daß das Wedinger Krughaus nicht ihr Lebensmittelpunkt war. Wenn sie nicht mit ihrem Mann oder allein auf Reisen war, wohnte sie mit ihm oder ohne ihn in Flensburg. Daß die Familie ihres Mannes auch nicht unbedingt ein verläßlicher Ort des Rückzugs für den Fall der Hilfsbedürftigkeit war, zeigen die Wirren um die Geburt eines ihrer Kinder[208] zu einer Zeit, in der ihre Schwiegermutter noch in Weding ansässig war. Sara mußte ohne familiäre Hilfe Krankheit und Geburt durchstehen, angewiesen auf Obdach und vermutlich nur die nötigste Pflege bei mehr oder weniger fremden Menschen aus ihrer nichtjüdischen Umgebung.[209]

Wenn man also nicht davon sprechen kann, daß Nathan David und seine Familie für Sara ein tragfähiges soziales Netz darstellten, so bestand doch ein wichtiger Zusammenhalt in Fragen des Wirtschaftens. Wenn Zeugen über das Versetzen erzählen, so erwähnen sie fast immer mehrere Familienmitglieder oder gar gleich die gesamte Familie; die Versorgung des seine Karrenstrafe in Rendsburg verbüßenden Bräutigams übernehmen die Braut Ester und deren um so vieles ältere Schwägerin gemeinsam, und die eher illegalen Aktivitäten werden, will man den Gerichten glauben, von den Männern oftmals zusammen ausgeführt.[210]

5.1.2. Die Ehe

Das Verhältnis zwischen Sara und ihrem Mann ist einerseits wesentlich von weitgehender Unabhängigkeit, räumlicher Trennung, andererseits aber auch von wichtiger gegenseitiger Hilfeleistung geprägt.
Der große Altersunterschied von mehr als zwanzig Jahren zwischen ihnen deutet darauf hin, daß beide Seiten auch triftige außeremotionale Gründe für die Heirat gehabt haben müssen. So ist es für die Lebensführung Nathan Davids ein großer Vorteil, eine Frau zu haben, die während der langen Phasen seiner Abwesenheit aufgrund ihres Alters und ihrer Erfahrung in der Lage ist, eigenständig zu entscheiden und für ihren Lebensunterhalt zu sorgen. Zwar sagt Nathan einmal vor Gericht aus, er sei einige Zeit nach seiner Freilassung aus Tondern „wieder nach Rendsburg zu seiner Frauen gegangen, wiewol er auch sonst allda unter weilen hingekommen, indem sie da gelebet und er ihr Brod geben müssen",[211] doch hat sie, wie die Rendsburger Akten zeigen, sich weitestgehend ihre eigenen Verdienstmöglichkeiten gesucht. Vor allem aber wird sie auch aktiv, als es darum geht, Rechte geltend zu machen, die sie offenbar gut kennt und die aus der wohl ungerechtfertigten Gefangenschaft ihres Mannes in Tondern entstanden sind. Sie will sich von dem Wirt ihrer Schwiegereltern nach Schleswig fahren lassen, um dort auf Schadenersatz zu klagen. Das Selbstbewußtsein und die Eigenständigkeit, die eine solche Initiative von einer jüdischen Frau erfordert, die der Unterschicht angehört und aller Wahrscheinlichkeit nach weder Deutsch lesen noch schreiben konnte, mögen durch ihre lange Lebenserfahrung gewachsen sein.

Im Gegensatz zu Sara hat Hanna, die Frau Philipp Salomons, weitaus größere Schwierigkeiten, während der langen Gefangenschaft ihres Mannes zurechtzukommen. Zwar wird auch sie aktiv, reist wiederholt nach Flensburg und reicht auch Bittschriften ein, doch ist sie zu einem großen Teil auf Almosen anderer Juden angewiesen. Trotz des Alters- und damit Erfahrungsvorsprungs scheint sie deutlich abhängiger von ihrem „Ernährer" zu sein. Ein Grund dafür ist neben ihrer oft erwähnten körperlichen Schwäche[212] möglicherweise ihre etwas geordnetere Vergangenheit. Sowohl ihre bisherige Lebensführung als auch die ihres Mannes bewegten sich deutlich weniger am Rande bzw. außerhalb der Legalität als die der Familie Nathan Davids.

Für sie muß es von großer Wichtigkeit gewesen sein, sich nach ihrer Verwitwung als Mutter von zwei Kindern wieder zu verheiraten,[213] und zunächst hatte es ja auch so ausgesehen, als ob Philipp die Versorgung hätte leisten können, hatte er doch das Handwerk des „Juden-Schächters" gelernt und auch ausgeübt. Auch nach dem Weggang aus Halberstadt und dem Umstellen des Broterwerbs auf Handelstätigkeit schien die materielle Situation noch erträglich gewesen zu sein. Als aber die Verdienstmöglichkeiten immer spärlicher werden, findet sich die Familie in einer Situation, die für sie wesentlich ungewohnter ist als für die des Nathan David. Noch dazu ist Philipp Salomon nicht in ein verwandtschaftliches Netzwerk eingebunden. Hanna und er sind ganz auf sich allein gestellt. Erstaunlicherweise kann Hanna in der für sie so harten Zeit der Inhaftierung ihres Mannes auch von ihren inzwischen erwachsenen Kindern aus erster Ehe keine Hilfe erwarten. Auch eine Schwester, von der sie bei ihrer Flensburger Befragung erzählt, scheint ihr keine Unterkunft oder sonstige Unterstützung bieten zu können.[214]

Obwohl Sara, verglichen mit Hanna, kaum familiäre Hilfe nötig zu haben bzw. in Anspruch zu nehmen scheint, so hat sie sich doch durch ihre zweite Heirat eine, wenn auch nicht unbedingt stabile, Basis von Zugehörigkeit geschaffen, die außer materiellem Geben und Nehmen sicherlich auch eine stärkende Wirkung auf ihr Selbstwertgefühl hat. Ihr Tun ist wichtig für ihren Mann und dessen Familie, und im stetigen Wechsel von Distanz und Nähe, Unabhängigkeit und Zusammenarbeit mag sich eine Haltung von solidarischer Gleichberechtigung zwischen den Generationen und Geschlechtern entwickelt haben.[215]

Saras Schwägerin Ester ist bereits in dieses Umfeld hineingeboren und hat in der Beziehung zu ihrem Verlobten Alexander Berend schon eine ähnliche Rolle übernommen wie sie von Sara vorgelebt wurde. Gemeinsam mit ihr hält sie Kontakt zu dem „Juden-Esclaven", versorgt ihn und bemüht sich, die materielle Situation zu verbessern. Ihr Schwiegervater Berend Gumprecht lebt in Friedrichstadt, einem der Zentren jüdischen Lebens im Norden. Sie hält auch zu ihm Kontakt, besucht ihn und bekommt von ihm Geld geschickt, während sie seinen Sohn unterstützt. Die geplante Heirat, die wegen der Gefangennahme Süskinds nicht stattfinden konnte, war offenbar sowohl von Esters Eltern, die schon Vorbereitungen für die Vermählung getroffen hatten,[216] als auch von Süskinds Vater gutgeheißen, wenn nicht arrangiert worden.[217] Im Gegensatz dazu haben sowohl Sara als auch Hanna sich wahrscheinlich ohne größere Beteiligung ihrer Herkunftsfamilien zu dem Schritt in ihre zweite Ehe entschieden bzw. entscheiden mußten.

5.1.3. Affektive Verhältnisse innerhalb der Familie

Auch wenn Liebe nicht unbedingt Hauptmotiv für die Hochzeiten war, so scheint doch aus Zusammenhalt und Solidarität irgendwann die Zuneigung gewachsen zu sein, die z.B. Ester dazu bewegte, in der Nähe ihres Mannes zu bleiben, als er die Qualen einer Karrenstrafe ertragen mußte.[218]

Auch die Bittschriften Hannas werden nicht ausschließlich in dem dringenden Wunsch, den Ernährer wiederzubekommen, ihre Ursache haben. Philipp Salomons Situation und Zustand müssen für seine Frau Gegenstand großer Sorge und ängstlichen Mitgefühls gewesen sein. Was mögen Nathan und Sara empfunden haben, wenn Sara während seiner Abwesenheit bei weitgehend fremden Leuten erneut eine glücklose Geburt durchlitt?[219]

Es ist wahrscheinlich, daß der so häufig unterbrochene oder erschwerte Kontakt zwischen den vagierenden und oftmals mit unerwarteten Schwierigkeiten konfrontierten Familienmitgliedern nicht ohne Einfluß auf die emotionalen Bindungen blieb. Für die langen Zeiten des Getrenntseins und der Ungewißheit war ein gewisses Maß an innerer Unabhängigkeit wichtig. Gleichzeitig mag jedoch gerade diese Lebenssituation eine Sehnsucht hervorgerufen haben, die dazu führte, daß man sich immer wieder zusammenfand.

Ester steht in engem Kontakt mit dem Vater ihres Bräutigams; sie und Sara besuchen die in Weding bleibende Thobe; Sara hilft Ester bei der Versorgung Süskinds. Diese Familie ist eine Not- und Solidargemeinschaft, in der die Überlebenssicherung eine zentrale Rolle spielt. Aber kann so eine Gemeinschaft ohne wirkliches gegenseitiges Vertrauen so lange funktionieren? Und ist dieses notwendige Vertrauen ohne eine emotionale Verbundenheit und Vertrautheit denkbar?

Die außerfamilialen Sozialkontakte sind für Vaganten selten wirklich dauerhaft und verläßlich. Unterstellt man, daß, wenn auch in sehr unterschiedlichen Ausprägungen, letztendlich doch stabile zwischenmenschliche Beziehungen ein Grundbedürfnis sind, so

liegt es nahe, daß dieses das Zusammengehörigkeitsgefühl innerhalb der ohnehin schon durch gemeinsame Bemühungen um materielle Vorteile verbundenen Familie verstärkt.
Vielleicht war es auch emotional gar nicht so einfach, bei den vielen Befragungen vor Gericht seine Verwandten ständig verleugnen zu müssen? Im Meldorfer Protokoll heißt es über Levin Meyer: „Zuweilen fallen ihm die Namen der seinigen aus dem munde, aber er besinnet sich gleich und giebt die Sache eine falsche Tour."[220]

All die Überlegungen zur Art und Intensität affektiver Verhältnisse innerhalb jüdischer Vagantenfamilien können kaum über das Stadium von Vermutung und Spekulation hinauskommen, da Gefühle und ihre Benennung in den Prozeßakten keinen Platz haben, wenn sie nicht einen unmittelbaren Hinweis auf die Schuld eines Angeklagten darstellen. Nur einmal, in einer auf den ersten Blick eher unbedeutenden Akte aus Norburg, die für den Prozeßverlauf weiter keine Rolle spielt,[221] findet sich eine Aussage, die den emotionalen Verzicht, den die vagierende Lebensweise den Familienmitgliedern abgefordert haben muß, etwas direkter zeigt: „(...) weil aber nichts zu handeln oder zu verdienen vorgefallen, hätten sie sich wieder nach Norburg gewandt, weil der Jacob Moses nach seinen Kindern verlangt (...)."[222]

5.2. Unterwegs

Es hat sich gezeigt, daß das Familienleben der jüdischen Frauen, über die die Flensburger Akten Auskunft geben, wesentlich von der Notwendigkeit des Umherziehens geprägt war. Besonders Sara und Ester haben ihren Lebensunterhalt weitgehend in größerer räumlicher Distanz zu ihrer Familie bestritten. Während Thobe noch über lange Zeit ein eher seßhaftes Leben führt und Hanna erst durch die Inhaftierung ihres Mannes Philipp Salomon wirklich auf die Landstraße getrieben wird, sich zudem in dieser Situation nicht zurechtfindet, vermitteln die Nachrichten über Sara und Ester ein anderes Bild. Als jüdische Vagantinnen suchen und finden sie ihre Verdienstmöglichkeiten, teils bestimmt, teils unabhängig von den Wegen und Stationen der Männer, in einem Gebiet zwischen Altona und Tondern.

5.2.1. Räume, Wege und Stationen

Itzehoe und Elmshorn, Hadersleben, Schleswig, Friedrichstadt und Tondern sind die größeren Ortschaften, in die Sara und Ester auf ihren Reisen kamen. Kleinere Dörfer, abgesehen von Weding, werden nur als Anlaufpunkte für ihren Hausierhandel genannt. Auffällig ist, daß beide ihren Lebensunterhalt vorwiegend im nichtjüdischen Umfeld, in ziemlicher Entfernung zu den ohnehin wenigen jüdischen Gemeinden dieser Gegend, bzw. wie im Falle Rendsburgs außerhalb des jüdischen Viertels zu verdienen suchen. Glückstadt wird gar nicht genannt; Altona wird nur nebenbei erwähnt und scheint für Nathan David und seine Familie im Gegensatz zur Mehrzahl der Judenschaft in Norddeutschland von untergeordneter Bedeutung zu sein. Elmshorn und Friedrichstadt werden von ihnen nur als Ort für familiäre Zusammenkünfte genannt.[223]

Wie und nach welchen Gesichtspunkten war das Gebiet, der Raum, für Sara und Ester strukturiert? Weding war lange Zeit der Ort der Familie, Flensburg und Rendsburg stellten phasenweise eine Art Hauptwohnsitz dar. Ferner gab es die großen Märkte wie die „Schleswiger Dohm-Zeit" und den „Umschlag" in Kiel, die Gelegenheit zum Handeln boten. Hausiert wurde in kleinen Dörfern entweder regelmäßig wie in Jargensbye oder auf der Durchreise, wie von Ester beschrieben.

5.2.2. Erwerbsquellen und Kontakte

Auf Wanderschaft

„Von Flensburg wäre sie nach Friedrichstadt zu einem Juden Namens Berend Klumperich, der ihres Liebsten Vater, gereiset und sich 8 Tage allda aufgehalten, von da wäre sie wieder hieher gereißet und immer zu fuße und zwar alleine gegangen.
Auf der Reise von hier [Rendsburg] nach Flensburg hätte sie 8 Tage zugebracht, die erste Nacht hätte sie auf der Schäferey Mielberg, die 2te im Dannewerck, die 4te Nacht in Poppholtz zugebracht, von da wäre sie Landwerts eingegangen auf die Dörffer und hätte ihr geknüppelte Spitzen verkauft und wäre endlich wieder nach Översee, und von da nach Flensburg gegangen."

Esters „Reisebericht" klingt nach viel Mühsal, zumal sie „immer zu fuße und zwar alleine gegangen" ist, d.h. allein unter Fremden, denn menschenleer waren die Landstraßen zu damaliger Zeit mit Sicherheit nicht, und verrät, wie auch die Flensburger Ermittler bei der Auswertung der Rendsburger Prozeßakten feststellen, „durch ausdrückliche Anzeigung und Benennung der Schäferey zu Mielberg, des Dannewirks, Poppholz, Oeversee, und dergleichen Oerter mehr (...), welche genaue Kenntniß sie auch von den kleinesten und zum theil von der Land-Straße abwerts liegenden Oertern und Wirthshäusern" gehabt haben muß."[224]

Für das Flensburger Gericht ist diese Reisetätigkeit ein weiterer Beleg für die kriminelle Energie der gesamten Familie des Nathan David. Für Ester aber war dieses Wandern lebensnotwendig. „Diese Reise hätte sie bloß gethan um etliche Schillinge mit Stricken und Spinnen zu verdienen",[225] sagt sie und bringt damit auch die Flexibilität zum Ausdruck, die ihr das Bewältigen ihrer Lebenssituation ermöglicht.[226] Sie muß improvisieren. Auf ihrer Wanderschaft bietet sie einerseits ihre Dienste, andererseits aber auch ihre Produkte an, je nachdem, wo sie sich gerade befindet, in größeren Ortschaften, oder in kleinen, abgelegenen Siedlungen. Nach Flensburg geht sie, um ihre Dienste anzubieten, was in einer relativ wohlhabenden Stadt[227] erfolgversprechender ist als auf dem flachen Land, wo der Verkauf ihrer Spitzen für die dortige Bevölkerung die Gelegenheit bot, Dinge zu erwerben, die sonst nur in der Stadt erhältlich waren.[228]
„Wie diejenigen geheißen, für die sie gestrickt und gesponnen, wüßte sie nicht." Dies ist unwahrscheinlich, denn solche Auftragsarbeiten erforderten doch ein gewisses Ausmaß an Kommunikation mit der Kundin.[229] Die Dorfbewohner jedoch, denen sie auf der Durchreise ihre Spitzen verkauft hat, werden Ester tatsächlich im wesentlichen unbekannt geblieben sein. Vermutlich gestalteten sich diese kurzen Kontakte recht geschäftsmäßig. Beide Seiten profitierten von dem Handel, und so wird die Atmosphäre nicht von Feindseligkeit gegenüber der jüdischen Vagantin geprägt gewesen sein.

Engeren Kontakt zu ihrer dörflichen Kundschaft scheint Sara gehabt zu haben. Es heißt, sie hätte von Flensburg aus „in Jargensbue viel ihren Gang gehabt und sey in verschiedenen Häußern daselbst sehr oft aus- und eingegangen."[230] Was sie dort im einzelnen tat, ist nicht zu erfahren, Hausieren und Versetzen scheinen aber im Mittelpunkt gestanden zu haben. Da Sara einige Jahre vorwiegend in Flensburg lebte, ist anzunehmen, daß sie in dieser Zeit längere Bekanntschaften mit Jürgensbyern entstanden sind. Will man die Formulierung „aus- und eingegangen", die die ja stets gut informierte Wachtmeisterin Linde in ihrer Aussage benutzt, wörtlich nehmen, so muß man davon ausgehen, daß die Geschäfte eben nicht an der Haustür abgewickelt wurden, sondern daß man Sara hereinbat. Geschah dies „sehr oft", so wird es auch Gespräche gegeben haben, die über den jeweiligen Handel hinausgegangen sind. Natürlich wäre es reine Spekulation, allein aus der Häufigkeit des Aus- und Eingehens auf den Inhalt solcher Gespräche schließen zu wollen. Dennoch liegt die Vermutung nahe, daß Dorfbewohner im allgemeinen nicht nur Waren, sondern auch Neuigkeiten aus der Stadt schätzten.[231]

Gegen einen allzu vertrauten Kontakt zwischen Sara und den Jürgensbyern spricht aber die Aussage Catharina Lindes, die Jüdin hätte „zum öftern sich verlauten laßen, daß sie nach Jürgensbye zu gehen nöthig gehabt."[232] Der Grund für Saras „Gang" scheint meist wirtschaftlicher Art gewesen zu sein. Es ist kaum anzunehmen, daß die Formulierung „nöthig gehabt" sich hier auf das dringende Bedürfnis nach Sozialkontakten bezieht; solche mögen in diesem Fall eher ein angenehmer Nebeneffekt gewesen sein.

Bei längerem Aufenthalt an einem Ort

Die Nutzung verschiedener Erwerbsmöglichkeiten war ein unbedingtes Muß für Sara und Ester, bedenkt man, was sie alles zu finanzieren hatten. Die verschiedenen Unterkünfte mußten bezahlt werden; das Essen wird aufgrund fehlender Möglichkeiten zur Selbstversorgung kostspielig gewesen sein, ebenso wie die zeitweilig notwendige Übernahme der Versorgung anderer Familienmitglieder, und auch die Kleidung konnte offenbar nur in sehr eingeschränktem Maße selbst hergestellt werden.[233]

Für eine der wichtigsten Einnahmequellen der beiden jüdischen Frauen und ihrer Familie, das „Versetzen", war ein längeres Verweilen oder zumindest eine regelmäßige Rückkehr an einen Ort wichtig. Durch Kontakte zur einheimischen Bevölkerung fand man schnell heraus, wo Möglichkeiten zur Pfandleihe bestanden, und konnte dann finanzielle Engpässe zumindest für eine kurze Zeit überbrücken. Sara und Ester gaben beispielsweise in Rendsburg Textilien verschiedenster Art im „Lumbert" zur Pfandleihe[234] und erhielten für jedes versetzte Stück außer dem Pfandgeld eine „Quittung". Ester „gesteht", daß sie noch einige Sachen im „Lumbert" versetzt hätte, „nemlich einen weißen Keper-Unterrock und eine weiße Neßeltuch-Schürtze (...). Weiter hätte sie im Lumbert nichts versetzt. Die blaue Schürtze und ein Futter-Hemd wären zugleich mit der Sammit-Kappe versetzt worden. Auf Befragen, warum sie diese Stücke nicht vorher angezeigt? antwortete sie: weil solche mit auf dem Zettel stünden und man es da sehen könnte. Sie wurde gefragt: ob sie den Lumbert-Zettel lesen könnte und da sie nein antwortete, woher sie denn wüßte, daß es auf dem Zettel stünde? und ergab, daß ers allemahl darauf zu schreiben pflegte. Bey dieser Gelegenheit wurde sie gefragt, ob sie denn schon eher etwas im Lumbert versetzt? und antwortete, sie hätte schon einmahl einen Rock versetzt, den ihre Schwiegerin am Leibe hätte und ihr vor etwa 6 Wochen, da dieselbe von hier reisete, zurück gelaßen. Dieser Rock wäre von gestreiften Kammelott, und sie hätte ihn vor ohngefehr 6 Wochen wieder eingelöset, nach dem sie von Berend Humperich in Friedrichstadt 5 Mkl durch einen Friedrichstädter Juden, deßen Namen sie nicht wüßte, geschickt erhalten."

Ester, die ja durch ihre Familie bereits mit dieser Art von Geschäften vertraut ist,[235] versetzt hier hauptsächlich Kleidungsstücke, die sie von ihrer älteren Schwägerin Sara bekommt bzw. in deren Auftrag zum Pfandleiher bringt. Auch der Unterrock und die Schürze stammen von Sara. Sie hat sie angeblich Ester geschenkt, als sie in Elmshorn Nathan David heiratete.

Sara selbst ist offenbar versierter und erfahrener in dieser Methode, an bares Geld heranzukommen. Einmal gibt sie an, von „denen Sachen, die sie nähen lassen, wäre noch etwas im Lumbert versetzt". Offensichtlich lohnte es sich, Textilien, die später versetzt werden sollten, vorher ausbessern zu lassen, in diesem Fall bei einer der Frauen, die sie in ihrer Rendsburger Zeit kennenlernte. Sabina Bocken zählt auf, was Sara ihr zum Nähen gebracht hat: „nemlich 4 bis 5 Stremel von alten Musselin mit Spitzen ein Manns-Hemd, eigengemahl Leinen ohn Manschetten so ausgebeßert worden, eine Schürtze von alten weißen Kattun, ein paar Stremels von gedachter Art ein Schräg-Tuch mit Spitzen, ein schwartzes Sammitten Bullen-Brett, abermahls etliche Stremels, ein neu Hemd von grober Leinwand, etwa à Ellen 7ßl desgleichen ein Manns Hemd ausgebessert, 4 Hauben Köpfe, 2 Kinder-Mützen, eine Tasche für Ester."

Die interessierten und detaillierten Nachfragen des Rendsburger Gerichts bringen Sara dazu, auch weitere Pfandleihen in anderen Städten offenzulegen:

„Nachdem man in ihrem Bündel eine meßingene Dose gefunden, worin einige Zettel, so wurde Sara hereingefordert, und befragt, ob sie nicht sonst noch Sachen versetzt oder hingegeben hätte? und antwortete Nein. Es wurde ihr der Zettel No 1 vorgelesen, und sie ergab darauf, die Knöpfe wären aus Alexander Berends Brusttuch und von ihr in Tondern bey Postmeister versetzt für 1 Rthlr. Auf die Frage ad No 2 ob sie einen Namens Johann Meyer kennte, antwortete sie: nein, es wäre denn etwa der Wirth irgendwo, bey dem sie logirt. Der 3te Zettel No 3 wäre eine Aufschrift an den Juden Philipp Jacob aus Elmshorn die auf No 4 specificirte Sachen hätte sie in Flensburg für eines Wachtmeisters Frau Linde genannt, versetzt und zwar bey einem Gläser Namens Meyer. Den vierten Zettel hätte Ester mit 5 Schilling in einem Beutel bey Tondern gefunden."

Woher sie die Kleidungsstücke, die sie in die Pfandleihe gaben, hatten, wird nicht erwähnt. Es ist aber wahrscheinlich, daß sie kaum oder auch gar kein Geld dafür bezahlten, da sonst das „Versetzen" kaum lukrativ genug gewesen wäre. Kleidung war zur damaligen Zeit ein sehr wertvolles Gut, und so war es lohnend, sie sich auf dunklen Wegen zu beschaffen und sie dann durch die Pfandleihe in Bargeld zu verwandeln.[236] Wieder eingelöst haben sie in Rendsburg wohl lediglich Dinge aus ihrem eigenen Besitz, die sie in akuten Notsituationen versetzt hatten, denn ein Pfandleiher verlangt beim Einlösen immer mehr, als er beim Versetzen dafür gezahlt hat.[237] Es ist durchaus möglich, daß Sara und Ester Diebstahl und Hehlerei, entsprechend der Rendsburger Anklage nicht fremd waren. Da ihnen nichts nachgewiesen werden konnte und sie natürlich von sich aus solches nicht ansprachen, bleiben Umfang und Art schwerwiegenderer Gesetzesübertretungen im Dunkeln und können nur vermutet werden.[238]

In Rendsburg selbst scheinen Sara und ihre junge Schwägerin keine weiteren lukrativen Einnahmequellen gehabt zu haben, denn die Frauen, mit denen sie dort in ihrem Alltag, in ihrer Unterkunft und beim Einkaufen in Kontakt gekommen waren und die nun als Zeuginnen sprechen, berichten hauptsächlich von kleinen Abmachungen, vom Borgen von Geld und von kleinen Dienstleistungen für die Jüdinnen. Sie erwecken somit den Eindruck, als seien diese Alltagskontakte, die sich einfach durch den längeren Aufenthalt an einem Ort ergeben, für Sara und Ester ein wichtiger Bestandteil für ihre materielle Versorgung gewesen.

»Plan von Rendsburg« um 1750.
(aus: Klose u.a.: Ortsansichten und Stadtpläne der Herzogtümer Schleswig, Holstein und Lauenburg, Neumünster 1962, S. 345).

5.2.3. Verhältnis zum nichtjüdischen Umfeld

Losgelöst von jüdischen Gemeinschaften zur Versorgung und Überlebenssicherung, sind jüdische Frauen wie Sara und Ester, wenn sie sich außerhalb ihres familialen Umfelds bewegen, welches ja ohnehin keine materielle Absicherung leisten kann, auf intensivere Kontakte zur nichtjüdischen Bevölkerung angewiesen. Welcher Art waren die Beziehungen zur einheimischen Bevölkerung? Hatten beide Seiten wichtige Vorteile durch den Kontakt? Wie nah, wie persönlich konnten sich solche Kontakte gestalten? Gab es vielleicht eine Art Unterschichtensolidarität, gar Vertrauen zwischen Jüdinnen und Nichtjüdinnen, oder stand doch der materielle Nutzen im Vordergrund und damit ein eher distanziertes Mißtrauen, das davor schützte, betrogen zu werden?
Die verschiedenen Bereiche und Ebenen für solche Wechselbeziehungen verdienen besondere Aufmerksamkeit.

Geben und Nehmen

In „den Meisten Häusern zu Weding" und „besonders bey Jürgen Knutzen daselbst, welcher vorzüglich Verkehr mit den Juden gehabt",[239] hat die Familie des Nathan David nach Aussagen der Catharina Linde Sachen versetzt. Das Flensburger Gericht beschließt, sämtliche Wedinger Einwohner deshalb in das Rathaus zu zitieren und Jürgen Knutzen besonders gründlich zu vernehmen.
Die Wedinger sind nicht besonders auskunftsfreudig, geben aber teilweise zu, von den Juden „einige kleine Sachen (...) in Pfand gehabt zu haben"[240], die aber alle wieder eingelöst worden seien.
Jürgen Knutzen, der 29jährige Sohn des Wirts Hans Knutzen, der mit seinen 66 Jahren bereits „auf der Abnahme befindlich" ist und behauptet, mangels Wissen keine Auskünfte geben zu können,[241] ist ebenfalls bemüht, den Umfang seiner Geschäfte mit den Juden gering erscheinen zu lassen. Er „zeigt zugleich an, daß einstens vorher (...) Er von des David Nathans Eltern ein paquet mit etwas Kleider-Zeug und geblümten Calmanck für 16 Mk zum Unterpfand gehabt, so sie aber wieder eingelöst und das Geld bezahlt hätten. Weiter hätte er aber nicht, und auch keinen Verkehr mit ihnen gehabt (...)".[242]
Gleichwohl muß die Pfandleihe für ihn wie auch für die anderen Wedinger ein beliebtes, weil einträgliches Geschäft gewesen sein,

und diese besonders versetzungsfreudigen Juden werden deshalb nicht ungern gesehen gewesen sein. Man kannte sie lange, hatte das Wirtshaus Knutzen sie doch 14 Jahre lang beherbergt. Jürgen Knutzen hat ihnen sogar zusätzliche Hilfeleistungen gewährt, so z.B. als er Sara nach Schleswig fuhr, weil sie dort auf Schadensersatz klagen wollte. Darüber hinaus äußert er sich nur vor- und ebenso nachsichtig über die Schulden, die die Familie noch bei ihm hatte, als sie Weding endgültig verließ:

„Gestriger Deponent Jürgen Knutzen erscheinet abermals, und zeiget an, daß Levin Meyer, und deßen Frau, vor ihrem Wegzuge, Ihm einen kleinen Rest für Victualien schuldig geblieben, worauf Er bey Ermangelung des Geldes eine, dem Vorgeben nach von Nathan David ausgestellte Handschrift, sub dato Mastrup, den 22ten July 1759 auf Mkl mit einer, dem Ansehen nach Hebraischen Unterschrifft zum Unterpfandt empfangen. Deponent producirte selbige in einem lederen Futteral, zugleich auch die beyden vorerwehnten Ringe, welches Deponent wieder mit sich genommen."[243]

In den gesamten Aussagen des Wirts ist keine negative oder gar feindliche Äußerung über die Juden etwa bezüglich ihrer Zahlungsmoral zu finden. Er wird zufrieden gewesen sein mit so dauerhaft bleibenden Gästen, hat er es doch auch geduldet, wenn „andere Fremde wandernde Juden" seine jüdischen Gäste besuchten und auch dort übernachteten. Ob er an diesen Fremden auch verdient hat, oder ob sie allein von Levin Meyer und seiner Familie versorgt wurden, bleibt unklar. Finanziellen Nachteil hat er jedoch sicher durch die Beherbergung von Juden nicht erleiden müssen. Für diese aber war die zuverlässige Unterkunft in dem kleinen Dorf in der günstigen Lage nahe der Stadt Flensburg ein ganz entscheidend wichtiger Faktor für die Überlebenssicherung und den Zusammenhalt der Familie.

Ihr Wirt mag zudem eine wichtige, vielleicht vermittelnde Rolle für ihren Kontakt und ihre Geschäfte mit den übrigen Wedinger Bürgern gespielt haben. Er wird den Juden behilflich gewesen sein, sich das nichtjüdische Umfeld besser zu erschließen, da er ihnen einerseits eine gewisse Seßhaftigkeit, andererseits durch Transportmöglichkeiten größere Mobilität ermöglicht hat.

In Flensburg waren die Umstände für Sara und ihren Mann schon schwieriger. Besonders Sara scheint die Unterkünfte häufig gewechselt zu haben. Zwar haben sie und ihr Mann über längere Zeit bei dem Kannengießer Scherfenberg gewohnt, doch hat Sara, besonders während der langen Abwesenheit Nathans, wie aus den Wirren um die Geburt eines ihrer Kinder deutlich wird,[244] meist keinen sicheren Rückzugsraum gehabt.

Zudem sind die Angaben derjenigen Flensburger, welche die Jüdin kurzzeitig bei sich wohnen ließen, sehr spärlich, was dafür spricht, daß sie, einfach aufgrund der kurzen Dauer von Saras Anwesenheit wirklich nicht allzuviel über sie wußten, läßt man einmal die Möglichkeit außer Acht, daß sie vielleicht etwas zu verbergen hatten.

Das Beherbergen der jüdischen Vagantin scheint für beide Seiten nicht in dem Sinn Vorteile gebracht zu haben, daß sich daraus länger anhaltende und engere Kontakte entwickelt hätten.

Dafür aber ist Sara in ihrer Flensburger Hauptunterkunft bei dem Zinnengießer Scherfenberg und dessen Frau einer Person begegnet, die bald eine wichtige und sehr ambivalente Rolle spielen sollte, nämlich der „Wittwe Wachtmeisterin Catharina Linde".[245] Wie schon erwähnt ist sie diejenige, die dem Flensburger Gericht eifrig Auskunft gibt über alle Tatsachen und Gerüchte, die sie bezüglich der Familie des Nathan David in Erfahrung bringen konnte.

„Es hat die Fr. Wittwe Wachtmeisterin Catharina Linde, welche schon zur Entdeckung der Wahrheit wieder Nathan David sehr viel beygetragen, noch kurz vor dem Feste mir erzählet wie sie von bemeldten Nathan David und seiner Familie noch ferner anzugeben wüste, daß sie bey ihrem Auffenthalt in Weding zur Maxime gehabt, diejenige Waaren und Sachen von Wichtigkeit, welche sie habhaft geworden, nicht zu verkaufen, sondern zu versetzen, mithin auf diesem Wege einen ansehnlichen Vortheil zu machen gewußt, wodurch sie zugleich befördert, daß diese also von sich gethane Sachen so leicht nicht, als diesem oder jenem zugehörig und entwandt entdecket werden können, welches bey einem Verkauf allemal weit eher zu befürchten ist, da versetzte Sachen nicht einmal zum Gebrauch angewandt werden dürfen und also nicht vor jedermanns Augen und in mehrere Hände kömmen. Sie die Fr. Wachtmeisterin Linde will wißen, daß in den Meisten Häusern zu Weding und selbst hier in der Stadt an verschiedenen Orten sich von Nathan David oder seiner Frau und dorten sich eine Zeitlang aufgehaltenen Familie versetzte Sachen an Leinen=Zeug Hausgeräthe p.p. sich befinden, wesfalls sie und die Ambrosche, so im Kloster unterhalten wird, näher Anleitung würden geben können, wenn sie darum gerichtlich befragt würden."[246]

Catharina Linde hat nicht nur aufmerksam den Lebenswandel der Familie beobachtet, sondern auch, zumindest mit Sara, kleine Geschäfte gemacht. Es scheint so, als ob sie der Meinung war, in der Interaktion mit den Juden mehr gegeben als genommen zu haben:
„Sie habe, alß des Nathan Davids Ehefrau ehemals ihre Sachen in Händen gehabt, und solche allhie bey dem Gläßer Peter Meyer versetzet, Deponentin auch nachhero desfalls mit ihm, dem Gläßer, in Process gerathen, und sie jüngsthin für die Kosten ihres Hn Advocati Bremers, die Auswardirung Leiden müßen, sich hierinnen geäußert, daß der Dieb, deßen Ehefrau ihr ihre Sachen betrieglicherweise aus den Händen gespielet, hier im Gefängniß wäre (...)."[247]

Margarethe Hambrosche, die von der Wachtmeisterin als Zeugin vorgeschlagen worden war, mag bei ihrer Befragung nicht mit in die Anschuldigungen einstimmen und gibt an, von durch die Juden versetzten Sachen „gar nicht das geringste" zu wissen. Statt dessen sagt sie etwas, das ein anderes Licht auf Catharina Lindes Konflikt mit Sara wirft. Diese habe sich nämlich „deshalb beklagt, daß sie bey der Jüdin einige Sachen versetzet."[248]

Die Initiative zu dem für Catharina mißlich ausgegangenen Geschäft war demnach offenbar eher von ihr selbst gekommen, als daß Sara ihr die Sachen „aus den Händen gespielet" hat. Natürlich wird Sara ein lebhaftes und mit Sicherheit nicht uneigennütziges Interesse an dem Handel gehabt haben, doch war es die Wachtmeisterin, die genau das getan hat, was sie vor Gericht als ein so unehrliches Geschäft anprangert. Sie hat etwas versetzt, noch dazu bei einer Jüdin, die einer ihr verdächtigen Familie angehört. Ihr Pech dabei war, daß Sara die Sachen offenbar bei dem Gläser Meyer „weiterversetzt" hat, der diese nun der Wachtmeisterin nicht wieder herausgeben wollte.

Die Brüder Meyer dagegen scheinen ihre Geschäfte mit der Jüdin weit gelassener zu sehen. Nachdem einige Zeugen die beiden als bekannte Pfandleiher angegeben hatten, bei denen auch Sara und ihre Familie oft Sachen versetzt hätten, verliert Johann Meyer in seiner Aussage kein Wort über entsprechende, nun schon eine Weile zurückliegende geschäftliche Kontakte:

„Johann Meyer, hiesiger Bürger und Gläser deponiret nach vorgängiger Verwarnung, daß er keine von Juden bey ihm versetzten Sachen bey sich habe, obwohl er sonst nicht läugne, einigen Bürgern dieses Orts etwas gegen Unterpfand angeliehen zu haben. Von denen durch die Jüdin Sara bey ihm versetzten Sachen, worauf die Catharina Linde Anspruch gemacht, habe er kein Verzeichniß, vielmehr stünden dieselbigen annoch unter der Jüdin Sara Püttschaft versiegelt. Zeuge wiße von andern abseiten der Juden versetzten Sachen auch nichts, noch von den Familien anzugeben, ausser daß er nur einstens mit seinem Bruder in Weding gewesen, um die Jüdin Sara der versetzten Waaren wegen aufzusuchen, habe aber allda, ob er wohl in des Krügers Knutzens Haus allda eine Parthei Juden angetroffen, dieselbige nicht auffragen können."[249]

Auch wenn der Gläser nur spärliche Angaben darüber macht, seine geschäftliche Beziehung zu Sara scheint recht intensiv und daher auch lukrativ gewesen zu sein. Für Sara muß es sich als günstig erwiesen haben, Teile ihres Hab und Guts während ihres Umherziehens versiegelt bei einem loyalen „Geschäftspartner" zwischenlagern zu können. Für ihn wiederum bildeten diese Dinge eine Sicherheit für den Fall, daß Sara ihm etwas schuldig bleiben sollte. Zudem lassen sowohl seine als auch die Aussage der Margarethe Hambrosche erkennen, daß das Versetzen eine durchaus auch von einheimischen, „unbescholtenen" Bürgern genutzte Möglichkeit war, an Bargeld zu kommen. Juden schienen nur durch ihre Lebensumstände und ihre materielle Situation in einem besonderen Maße darauf angewiesen zu sein, was sie natürlich für Pfandleiher interessant machte.[250]

In Rendsburg fanden solche Geschäfte wie erwähnt in einer speziellen Institution, dem „Lumbert", statt, ein von Sara und Ester häufig aufgesuchter Ort. Das Versetzen war hier in der Stadt also offensichtlich weniger mit persönlicher Bekanntschaft verbunden als in dem Dorf Weding.
Die beiden Frauen haben aber auch in ihrer Rendsburger Zeit durch engere Kontakte zu den nichtjüdischen Menschen ihrer näheren Umgebung einige materielle Erleichterungen erfahren können. Das Wichtigste war auch hier zunächst die Unterkunft. Nach kurzen Aufenthalten in der Bude „einer Soldatenfrau vom Schleswigschen Regiment" waren sie in das „Blaue Lamm" gezogen, dessen Wirt Sara schon von früheren Übernachtungen her bekannt war. Daniel Lustig und seine Ehefrau Triencke werden vom Rendsburger Gericht über ihre beiden jüdischen Gäste vernommen und geben Auskunft über den Lebenswandel der Frauen, wobei sie aber nicht besonders ausführlich werden.[251]

Abgesehen von wenigen kurzen Reisen waren Sara und Ester zum Zeitpunkt der Befragung bereits einige Monate durchgehend im

„Blauen Lamm" anwesend und haben wohl auch die anfallenden Kosten weitgehend bezahlt. Triencke Lustig jedenfalls scheint nicht besonders verunsichert durch die Summe, die die beiden ihr noch schuldig sind. „Sie hätte von ihnen 1 Rthlr 4 Mkl für Quartier, Licht und Feuerung, auch Bier zufordern, dagegen wäre noch in ihrem Hause ein Thee-Keßel und eine Caffee-Kanne." Insgesamt spricht aus den Aussagen der Wirtsleute eine Zurückhaltung und Loyalität,[252] die darauf schließen läßt, daß Sara und Ester im „Blauen Lamm" recht gern gesehene Gäste waren, also finanziellen Gewinn versprachen.

Für die beiden Jüdinnen war eine so verläßliche Unterkunft essentiell wichtig, um auch den Bräutigam Esters versorgen zu können, wenn dieser sich für kurze Zeit bei ihnen einfand, um sich von den Strapazen seiner Karrenstrafe zu erholen. Bei seiner Versorgung hatten sie sogar Hilfe, wie „des Nachtwächters Joh: Dan: Carlson Ehefrau"; die 54jährige Lucia Elisabeth Carlson erzählt:
„Zwey Jüdinnen, Sara und Ester hätten verwichenen Sommer ab und zu bey ihr logirt und sie Deponentin hätte etliche mahl für den Esclaven Lexander gewaschen."

Ob und wieviel Gegenleistung sie für das Waschen verlangt hat, ist nicht zu erfahren, doch war sie sicher auf eine Einnahmequelle zusätzlich zu dem Gehalt ihres Mannes angewiesen, wenn sie zwei fremde Frauen aufnahm. „So oft sie bey ihr gekommen, hätten sie nichts als ein Bündel bey sich gehabt. Sie hätten ihres Wißens derzeit hier nicht gehandelt." Damit bestätigt sie die Aussagen der Wirtsleute des „Blauen Lamms", was aber nicht heißen muß, daß diese der Wahrheit entsprechen. Auch von Schulden oder sonstigen Ärgernissen durch die Jüdinnen erwähnt sie nichts. Daher ist anzunehmen, daß der nach vier Wochen erfolgte Auszug andere Gründe hatte.

Schulden jedoch haben Sara und Ester in Rendsburg durchaus bei verschiedenen Leuten gemacht, so z.B. bei einem Nachbarn, dem Schlachter Jacob Nicolai, „ohngefehr 4 Mkl für Fleisch". Auch gibt Ester zu, einer „Frauens-Person die bey dem Schlachter im Hause wäre und Dorothe hieße, ohngefer 6Rthlr[253] (...), welche dieselbe ihr bahr und ohne Pfand geliehen", schuldig zu sein.
„Dorothea Engel, Anthon Engels Ehefrau, Kiecksee, welche sich bei Jacob Nicolai aufhält, und dessen Frauen in der Haushaltung Handreichung thut", sagt dazu folgendes:

„Sie wäre etwa um Michaelis denen 2 Jüdinnen, die im `Blauen Lamm' logirt, und davon die eine Ester hieße, bekannt geworden, weil sie von Schlachter Fleisch gekauft. Sie hätte für solche ein Paar grobe weiße wollene Strümpfe gestrickt, wofür sie 2 Marck l: 10 ßl haben sollte. Durch vieles Bitten hätte sie sich bewegen laßen der Frauen außerdem nach und nach Geld zu leihen, so daß sie anjetzo 23 Mkl 2 ßl von ihr zu fordern hätte, worauf sie kein Pfand hätte, sondern die Juden-Frau hätte sie immer getröstet, daß wenn ihr Mann käme die Bezahlung erfolgen sollte. Vor Weynachten hätte sie der Juden-Frauen 4 Rthlr geliehen, die selbige ihr kurtz vor dem Umschlag ohne Zinsen wieder bezahlt."

Obwohl Dorotheas Aussage nicht wie eine Beschwerde klingt, zumal sie auch beglichene Schulden erwähnt, scheint es doch so, als ob Ester und ihre Schwägerin in ihr eine verläßliche Geldquelle gefunden haben, eine gutmütige Frau, die ihnen, ohne große Gegenleistungen zu erwarten, trotz der noch unbezahlten Strümpfe eine nicht geringe Summe vorstreckt und eine sofortige Rückzahlung nicht sehr massiv einzufordern scheint, im Gegenteil schon froh ist, wenn sie den guten Willen sieht, als die Jüdin ihr einen Teil des Geldes zurückzahlt.[254]
Etwas irritierter scheint dagegen Sabina Bocken zu sein,
„eines abgedanckt Musquetier und Schuster-Gesellen Ehefrau und weyland Hans Nossen Tochter, welche sich bey dem Schlachter Jacob Nicolai zur Miete aufhält (...). Mit denen beyden Jüdinnen, welche im Blauen Lamm logirten und Sara und Ester hießen, wäre sie etwa 5 Wochen nach Michaelis dadurch bekannt geworden, daß Sara, welche derzeit schon im Blauen Lamm logirte, ihr etwas zu nehen gebracht (...), weiter könnte sie nichts erinnern, außer daß sie noch 20 ßl von ihr zu fordern. Ausserdem hätte sie ihr noch etwas baar Geld geliehen und ihre Forderung beträge anjetzo, laut übergebene Designation 6 Mk 1/2 ßl.[255] Sie hätte anfangs etwas Unterpfand gehabt, dieses aber hätte ihr Sara abgelockt mit denen Worten, sie wollte solches in ihren Coffre schließen, wo der Coffre stünde hätte Sara ihr nie recht sagen wollen. Nur so viel hätte sie gesagt, daß sie einen Coffre in der Neuen-Straße stehen hätte. Von andern Umständen wäre ihr nichts bekannt (...)."

Aus der Formulierung, Sara hätte ihr etwas „abgelockt",[256] klingt das Gefühl, von dieser ausgenutzt worden zu sein, sich auf etwas eingelassen zu haben, was sie nun bereut, zumal sie den Eindruck

Nichtjüdische Lumpensammlerin
(aus: C. Suhr, Der Ausruf…, Hamburg 1808)

hat, Sara verheimliche interessante Dinge vor ihr. Sicher hat Sabina Bocken damit gerechnet, für ihre Dienste bald bezahlt zu werden. Ihr Vertrauen ist mißbraucht worden. Sie scheint darüber nicht ungehalten, aber enttäuscht zu sein, zumal sie als Frau eines entlassenen Soldaten und Schustergesellen, ähnlich wie die Nachtwächtersfrau Dorothea Engel, sicher materiell nicht viel besser versorgt ist als die Jüdinnen.

Geben und Nehmen scheint hier, im Verhältnis zwischen den jüdischen Vagantinnen und ihren nichtjüdischen Bekannten, nicht immer im Gleichgewicht gewesen zu sein, im Gegensatz zu den Beziehungen zu den professionell oder nebenerwerblich tätigen Wirtsleuten und Pfandleihern.

Die Beziehung zu diesen entwickelte sich meist erst auf der Grundlage wechselseitiger materieller Interessen und vertiefte sich, wenn die Bilanz über lange Zeit für beide Seiten günstig ausfiel. Darin besteht ein deutlicher Unterschied zu den Interaktionen Saras und Esters mit Frauen wie Dorothea Engel oder Sabina Bocken. Die nähere Bekanntschaft mit diesen ebenfalls der Unterschicht angehörenden Frauen war durch alltägliche nachbarschaftliche Kontakte entstanden und litt dann darunter, daß die beiden Vagantinnen die Notwendigkeit wie auch die Gelegenheit sahen, diese Kontakte ebenfalls zur materiellen Überlebenssicherung zu nutzen.

Affektive Verhältnisse

Der Rahmen für die Beziehung der Jüdinnen zu den nichtjüdischen Menschen ihrer näheren Umgebung scheint also recht eng und durch materielle Interessen begrenzt zu sein. Doch welcher Art waren die menschlichen Bindungen, die sich unter dem professionellen Geben und Nehmen einerseits und der materiellen Nutzung alltäglicher Kontakte andererseits ergaben? Wie groß waren Vertrauen und gegenseitige Achtung? Entwickelten sich menschliche Bindungen auf der Grundlage von Toleranz und Solidarität, oder spielten Einstellungen dieser Art keine Rolle in einem täglichen Miteinander, das vielleicht wenig mit Gefühlen und dem Austausch persönlicher Angelegenheiten zu tun hatte? Wieviel erzählte man sich überhaupt, und war es wichtig, viel über die Fremden bzw. die Einheimischen zu wissen? War es die Notwendigkeit sich abzusichern, bloße Neugier oder menschliches Interesse, das die Nichtjuden dazu bewegte, doch einiges über den Lebenswandel Saras und ihrer Familie in Erfahrung zu bringen?
Die Beantwortung solcher Fragen wird durch die Art der Nachrichten, die Gerichtsakten bieten, nicht erleichtert. Gefühle finden keine Erwähnung, und so können Gleichgültigkeit, Zuneigung oder Befremden, Mitleid oder Ablehnung nur aus bestimmten Formulierungen oder Handlungen abgeleitet, aber letztlich nicht verifiziert werden. Dennoch scheint es lohnend, den in den Aussagen von Angeklagten und Zeugen durchschimmernden Hinweisen auf mögliche Haltungen und Empfindungen nachzugehen:
„Durch vieles Bitten hätte sie sich bewegen laßen der Frauen außerdem nach und nach Geld zu leihen, so daß sie anjetzo 23 Mkl 2 ßl von ihr zu fordern hätte, worauf sie kein Pfand hätte, sondern die

Juden-Frau hätte sie immer getröstet, daß wenn ihr Mann käme die Bezahlung erfolgen sollte."

Dorothea Engel muß sich Ester verbunden gefühlt haben. Zum Zeitpunkt der Vernehmung aber klingt bereits eine gewisse Enttäuschung von Vertrauen durch. Ester muß überzeugend gewesen sein mit ihren Bitten und Versprechungen, obwohl sie sich, wie Dorothea wußte, Fleisch leisten konnte:
„Sie wäre denen 2 Jüdinnen (...), davon die eine Ester hieße, bekannt geworden, weil sie von Schlachter Fleisch gekauft. Sie hätte für solche ein Paar grobe weiße wollene Strümpfe gestrickt, wofür sie 2 Marck l: 10 ßl haben sollte."

Selbst materiell nicht allzu gut versorgt - sie muß als Haushaltshilfe für die Frau des Schlachters arbeiten - ist sie doch bereit, Ester einen Vertrauensvorschuß zu gewähren und nicht auf sofortige Bezahlung zu drängen, obwohl sie ihr sicher nicht glauben kann, daß bei der Rückkehr des ja ebenfalls mittellosen Mannes die Schulden beglichen würden.[257] In ihrer Aussage betont sie, die Jüdin habe ihr schon einmal geliehenes Geld zurückgezahlt. Ist sie ihr dadurch verbunden, daß beide auf zusätzliche Geldquellen angewiesen sind, da ihre Männer die Rolle als Ernährer nicht ausfüllen? Jetzt, im nachhinein, ist sie sich der Ehrlichkeit ihrer Bekannten nicht mehr so sicher. Doch Wut spiegelt sich in ihrer Aussage nicht wieder, eher scheint die Zeugin gelassen und nachsichtig zu sein, was dafür spricht, daß sie den Jüdinnen Verständnis und Sympathie, zumindest in einem gewissen Rahmen, entgegenzubringen vermag.
Ester und Sara müssen froh gewesen sein über diese Frau, die ihnen finanzielle Hilfe gewährte, ohne gleich mißtrauisch zu werden. Haben sie sie deswegen auch gemocht? Vielleicht stand einer Freundschaft ihr eigenes schlechtes Gewissen im Wege, da es ihnen klar gewesen sein muß, daß sie Dorothea Engel finanziell schädigten? Sie werden jedenfalls eine gute Verbindung zu ihr gehabt haben, wußten sie doch, wie sie die Haushaltshilfe des Schlachters dazu bringen konnte, den armen Vagantinnen immer noch ein bißchen Geld vorzustrecken.

Während Dorotheas Aussage Gleichmut verrät, ist Sabina Bocken bei ihrer Befragung durch das Rendsburger Gericht weniger sachlich. Das zeigt ihre Enttäuschung über das Verhalten Saras, die Sabinas Dienstleistungen nicht bezahlt und auch geliehenes Geld nicht zurückgegeben, sondern ihr statt dessen auch noch den Unterpfand, den sie wohlweislich von der Vagantin einbehalten hatte, „abgelockt" hat. Ihre Nachgiebigkeit, so meint sie jetzt, sei mißbraucht worden, und so nährt sie einen Verdacht, der die Jüdinnen in Schwierigkeiten bringen könnte: Sara hätte irgendwo noch einen Koffer stehen, aber wo, hätte sie „nie recht sagen wollen". Ein solcher Koffer hätte sie äußerst verdächtig gemacht, da in solchen außerhalb der eigenen Unterkunft stehenden Gepäckstücken oftmals zu recht Diebesgut vermutet wurde.

Sara hat also von Sabina materielle Hilfe in Anspruch genommen, ihr jedoch im Gegenzug kein Vertrauen geschenkt, sondern Geheimnisse vor der Soldatenfrau gehabt. Hat Sara Sabinas Neugier nicht befriedigt, ihr Interesse nicht erwidert? „Von andern Umständen wäre ihr nichts bekannt, die Caffee-Bohnen hätte Sara ihrem Vorgeben nach aus ihrem Coffre geholt, den Thee desgleichen."
Sara war offensichtlich im Besitz von Genußmitteln und daher vielleicht materiell gar nicht so viel schlechter gestellt als Sabina Bocken, die bei dem Schlachter zur Miete wohnte.[258] Vielleicht war die Jüdin ja nur *ihrem Vorgeben nach* in Not gewesen, vielleicht hatte sie sich Mitleid und Zuneigung nur erschleichen wollen? Solcherlei scheint Sabina jetzt in Erwägung zu ziehen. Hat sie Recht damit? Hat Sara wirklich bei dieser Bekanntschaft nur den materiellen Vorteil gesehen, war ihr der Mensch als solcher nicht wichtig in ihrem eigenen Ringen um Überlebenssicherung, und hat sie, geschickt wie sie war, einfach nur gewußt, wie sie die Frauen, die sie im Alltag kennenlernte, für sich und ihr Anliegen gewinnen konnte? Sie hätte das mit dem Koffer „nur aus Spaß gesagt", antwortet sie auf Nachfragen des Gerichts. Ob dies der Wahrheit entspricht oder nicht, läßt sich nicht klären, auch wenn es wahrscheinlicher anmutet, daß sich Sabina Bocken diese Angelegenheit nicht ausgedacht hat. Bemerkenswert aber ist, daß Sara es als glaubhafte Aussage ansieht, mit der Zeugin gescherzt zu haben.[259] Damit beschreibt sie eine Art von Kommunikation, die persönlicher ist als das bloße Verhandeln um Dienstleistungen und Geld. Wenn man mit seinem Gegenüber Spaß macht, setzt das ein gewisses Maß an Entspannung in der Gesprächssituation voraus. Der Wunsch nach Kontakt mit anderen Frauen, nach ganz normalen Gesprächen, die auf Gemeinsamkeiten und gegenseitiger Sympathie beruhen, wird auch bei Sara und Ester in ihrer so unsteten und angespannten Lebenssituation bestanden

und sich in ihrem Verhalten gegenüber den Frauen, die sie in der Nachbarschaft trafen, ausgedrückt haben.

Besonders solidarisch aber scheint das Verhältnis zwischen den Jüdinnen und ihren Wirtsleuten gewesen zu sein. Bei Jürgen Knutzen in Weding hat die Familie des Levin Meyer 14 Jahre lang gelebt, und als sie das Wirtshaus schließlich verlassen und nicht genug Geld haben, die gesamte Rechnung zu begleichen, hat der Wirt Verständnis. Vor dem Flensburger Gericht spricht er, anstatt sich darüber zu beklagen, ganz undramatisch von einem „kleinen Rest für Victualien", den die Juden ihm schuldig geblieben seien. Und auch die Tatsache, daß die Dinge, die sie ihm zum Unterpfand dagelassen haben, nicht ganz dem entsprechen, was er sich darunter vorgestellt hatte, - die Ringe beispielsweise waren nur aus Messing - bewegt ihn nicht dazu, sich vor den Ermittlern über die Familie zu beschweren. Erstaunlich ist, was er angibt, über die Juden zu wissen und was nicht. So kennt er den Namen der Mutter, die doch als einzige beständig anwesend war, nicht, weiß aber genau, was Sara in Schleswig vorhatte, als er sie dort hinfuhr. Hat er Sara gemocht? War er beeindruckt von ihrem Selbstbewußtsein? Sie wollte in Schleswig auf Schadensersatz für die Haftzeit ihres Mannes klagen. Vielleicht hat ihm diese Absicht imponiert, so daß er sich bereit erklärte, sie darin zu unterstützen, indem er sie dort hinbrachte. Eine längere Fahrt ist eine gute Gelegenheit, sich ein bißchen zu unterhalten, sich näher kennenzulernen und mehr über die Lebensumstände und Einstellungen des anderen zu erfahren. Mehr Wissen bringt oft auch mehr Verständnis und Zuneigung mit sich, und so ist dem gesamten Aussageverhalten Jürgen Knutzens anzumerken, daß es nicht seine Absicht ist, die jüdische Familie in Schwierigkeiten zu bringen, ebensowenig wie sich selbst.

Levin Meyer und seine Angehörigen konnten sich auf die Loyalität ihres Wirts verlassen und werden dies auch gewußt haben, hätten sie doch andernfalls ihr Quartier häufiger wechseln müssen, aus Angst, von den Wirtsleuten angeschwärzt zu werden. Denn daß diese von der Illegalität mancher ihrer Versuche, den Lebensunterhalt zu sichern, gewußt haben, ist mehr als wahrscheinlich. Jürgen Knutzen war ein wichtiger Mensch für die jüdische Familie, und sie haben sehr lange bei ihm gelebt.[260] Sie werden ihn gemocht haben.

Auch Sara und Ester scheinen zu ihren Rendsburger Wirtsleuten Vertrauen gehabt zu haben, denn sowohl bei Lucia Elisabeth Carlson als auch bei Daniel und Triencke Lustig sind sie wiederholt untergekommen. Dieses Vertrauen stellt sich als berechtigt heraus, betrachtet man die Zurückhaltung, die die Quartiergeber vor Gericht üben: Einen Koffer bzw. andere Sachen sonstwo in der Stadt hätten die Jüdinnen auf keinen Fall gehabt. Auch von irgendwelchen Geschäften habe man nichts gewußt.

Wieviel haben Sara und Ester über sich selbst erzählt? Das ist schwer festzustellen, da sich die Wirtsleute, wie erwähnt, den Ermittlern gegenüber sehr zurückhalten.

„Weiter wüßte sie von ihren Umständen nichts, als daß sie Ester vor ohngefehr 7 Wochen gefragt, wo sie einen grünlichen Rock, den sie getragen, gelaßen, und von ihr die Antwort erhalten, sie hätte solchen verkauft."

Wie war die Atmosphäre, in der ein solcher Dialog stattfand?

Triencke Lustig hatte den Rock der Ester wahrgenommen, und es war ihr aufgefallen, daß diese ihn nicht mehr trug. Sie zeigt Interesse an den Gründen hierfür und damit auch an Ester und deren Lebensumständen. Vielleicht hat sie Mitleid mit der jungen Frau, die kein verläßliches Auskommen hat und ständig irgendwelche Geldquellen finden muß, auch um ihren ausgehungerten versklavten Bräutigam zu versorgen. Da fragt man schon mal, wohin denn die Reise geht:

„Ester wäre selten hier und die meiste Zeit verreiset und bey ihrer Mutter, ohnweit Flensburg gewesen (...)."

Die Auskunft, die Jüdin sei oft bei ihrer Mutter gewesen, muß nicht mit dem tatsächlichen Gesprächsinhalt übereinstimmen, denn möglicherweise hat Ester sich nicht auf diese Auskunft beschränkt, sondern Triencke mehr von ihren Reisen und kleinen Geschäften erzählt, im Vertrauen auf deren Loyalität: „(...) ein Sclave Nahmens Lexander, wäre dann und wann zu ihnen gekommen und hätte was zu Eßen bekommen."

Bekommt man solche Not direkt mit, so ist man geneigt, sich nachsichtig zu zeigen, obwohl nicht alles immer sofort bezahlt wird, zumal, wenn man einen Unterpfand hat.

Solch verständige Wirtsleute bedeuteten für Sara und Ester eine große Erleichterung ihres Wirtschaftens wie auch Stabilität und Sicherheit, und die bei längerer Bekanntschaft daraus resultierende Zuneigung konnte Entspannung und emotionale Entlastung bringen.

Sara, die ältere der beiden Jüdinnen, war nicht nur körperlich „groß und starck", sondern auch selbstbewußt. Vielleicht hat sie mit ihrer

Lebenstüchtigkeit, mit der Energie, mit der sie ihre schwierigen Lebensumstände zu verbessern suchte, die Frauen, die ihr im Alltag begegneten, beeindruckt. Selbst oft in finanziellen Engpässen und durch ihre Verwurzelung in den für sie noch bindenden Normen der Seßhaftigkeit eingeschränkter, konnten sie in ihr ein Vorbild finden oder sich befremdet von einem so offensiven Charakter abwenden. Bewunderung kann, wenn man sie sich eingesteht, zu Solidarität und Nähe führen. Bleibt sie unbewußt, sind menschliche Enttäuschung und Neid leicht die Konsequenz einer Konfrontation mit dem Ungewöhnlichen, Unbeständigen und Freien.

Unterschichtensolidarität und ihre Grenzen

Die meisten Personen, die aufgrund ihrer Kontakte zu den Juden dem Gericht Rede und Antwort stehen sollen, können den ärmeren Bevölkerungsschichten zugeordnet werden. Gemeinsam ist ihnen der Wunsch oder die Notwendigkeit, außerhalb ihres Berufes bzw. ihrer Haupttätigkeit zusätzliche Verdienstquellen zu nutzen. Das Beherbergen von umherziehenden Fremden gehört dazu, wie auch die Pfandleihe. Handwerkliche Berufe wie die des Gläsers, des Kannengießers oder Perückenmachers[261] sind ebenso vertreten wie die Position eines Dieners oder einer Haushaltshilfe, der Ehefrau eines Soldaten und Schustergesellen oder der Nachtwächtersfrau. Die Beziehungen dieser Menschen zu Sara und ihrer Familie gründen sich entweder auf das vorübergehende Gewähren von Unterkunft, die Pfandleihe, wovon zumeist beide Seiten profitierten, oder auf Dienstleistungen und das Borgen von Geld, was den Frauen, die den Jüdinnen solche Hilfen boten, offenbar keinen materiellen Vorteil brachte. Mögliche materielle Nachteile im Kontakt mit vagierenden Jüdinnen liegen auf der Hand. Dienstleistungen, die nicht bezahlt oder Schulden, die nicht beglichen werden, stellen ein Risiko der Hilfsbereitschaft dar. Weniger überschaubar aber ist die Gefahr, sich bei kleinen Geschäften am Rande der Legalität oder durch Mitwissen, Duldung oder sogar Unterstützung krimineller Aktivitäten der jüdischen Leute der Obrigkeit verdächtig zu machen.
Daß diese Befürchtungen nicht aus der Luft gegriffen waren, zeigt ein kleines Zitat, nur ein Nebensatz, aus dem Rendsburger Urteil: „(...) alles mit Vorbehalt der, von denen, so sie beherberget, verwürckten Königl. und Obrigkeitlichen Bruche (...)."[262]

Welche Risiken man durch Kontakte zu Vagantinnen in Kauf zu nehmen bereit war, hing aber letztlich von vielen Faktoren ab, die in der Persönlichkeit des jeweiligen Helfers oder „Geschäftspartners" wie auch in seinen Lebensumständen lagen.

5.2.4. Vor Gericht

Verhalten der Zeuginnen und Zeugen

Das Bestreben, sich auf keinen Fall weiter in die Ermittlungen hineinziehen zu lassen, prägt die Aussagen der meisten der „vorgeforderten" Zeuginnen und Zeugen. Eifrige Mitarbeit und zusätzliche Hinweise erfahren die Gerichte eigentlich nur durch die Wachtmeisterin Catharina Linde, die wegen ihres für sie schlecht ausgegangenen Geschäfts mit Sara Interesse daran hat, die gesamte jüdische Familie zu „entlarven". Zudem ist sie durch ihre Neigung zum Beobachten und Verdächtigen geeignet, die Ermittler auf die entsprechenden Fährten zu bringen. Die möglichen Zeugen, auf die sie das Gericht ansetzt, sind dann aber bei weitem nicht so kooperativ und lassen zudem die Wachtmeisterin selbst nicht mehr in dem allerbesten Licht erscheinen.

Ihr sei „von einigen Sachen, so der Jude Nathan David, deßen Ehefrau Sara, oder andern von deßen Familie (...) versetzt, gar nicht das geringste bewußt (...) Wiße auch nichts von dem Juden Nathan David oder den Seinigen etwas anzugeben, ohne daß die Juden-Frau Sara zu einigen Mahlen (...) bey ihr logirt gewesen",[263] sagt zum Beispiel Margarethe Hambrosche. Jürgen Knutzen will außer den bereits bekannten Kontakten auch „weiter keinen Verkehr mit ihnen gehabt"[264] haben. Weder mag er sich darauf festlegen, wie lange es genau her ist, daß die jüdische Familie bei ihm gewohnt hat, noch, welche „Kleinigkeiten" es genau waren, mit denen Levin Meyer „kleinen Handel"[265] gehabt hat, oder was die fremden wandernden Juden, die in seinem Krug übernachteten, bei sich hatten.

Unwissenheit, vor allem bezüglich des Versetzens, solange diese nicht eindeutig zu widerlegen ist, nimmt sogar ein so aktiver Pfandleiher wie der Gläser Johann Meyer für sich in Anspruch.[266]

Ein wenig auskunftsfreudiger ist der Kaufgeselle Simon Legant, der aber offenbar ziemlich unbeteiligt ist und nichts zu verbergen hat. Er gibt den Hinweis auf die Geburt von Saras Kind im Hause eines Perückenmachers. Doch endet hier die Befragung weiterer Zeugen

in Verwirrung. Alle Befragten wollen so wenig wie möglich mit diesem Ereignis zu tun gehabt haben.[267]
Die auffällige Zurückhaltung des weit überwiegenden Teils der Flensburger und Wedinger Zeuginnen und Zeugen bezieht sich nicht nur auf die eigenen Kontakte mit der jüdischen Familie, sondern auch auf alles, was diese verdächtig machen könnte. Letzteres entspringt wohl kaum allein der Solidarität mit den Juden, vielmehr wird hierbei die Befürchtung, daß sie selbst vom Gericht beschuldigt werden könnten, eventuelle Vergehen nicht angezeigt zu haben, sich des Mitwissertums, gar der Komplizenschaft verdächtig zu machen, eine wichtige Rolle gespielt haben.
Entsprechend sind auch die Aussagen des Rendsburger Wirtsehepaars Lustig zu bewerten:[268]
„2) Erschien des Bürgers Dan: Lustigs Ehefrau und deponirte, ihr wäre nicht bewust, daß die beyde Jüdinnen, Sara und Ester mehrere Sache gehabt, als in ihrem Hauße gewesen, auch niemahl Coffre oder Lade bey sich gehabt. Sie hätte von ihnen 1 Rthlr 4 Mkl für Quartier, Licht und Feuerung, auch Bier zu fordern, dagegen wäre noch in ihrem Hause ein Thee-Keßel und eine Caffe-Kanne. Weiter wüßte sie von ihren Umständen nichts, als daß sie Ester vor ohngefehr 7 Wochen gefragt, wo sie einen grünlichen Rock, den sie getragen, gelaßen, und von ihr die Antwort erhalten, sie hätte solchen verkauft.
3) erschien der Bürger Dan: Lustig und deponirte praevia admonitione de veritate dicenda. Die 2 Jüdinnen Sara und Ester wären zuerst kurtz vor letzten Weynachten in sein Hauß gekommen und wären ab- und zu gereiset. Seines Wißens hätten sie hier nichts anders zu thun gehabt als den Juden-Esclaven reinlich zu halten. Endlich gestand er, daß vor 2 bis 3 Jahren Sara mit ihrem Mann eine Nacht in seinem Hauße logirt, daß sie anderswo in dieser Stadt Sachen hätten, wäre ihm nicht bewußt. Diese Aussage könnte er allemahl mit einem Eyde bestärcken."

Daniel Lustig wagt sich weit vor. Nicht nur, daß er nichts über eventuelle illegale Aktivitäten der Jüdinnen wisse, nein, er könne es beschwören, daß die beiden in dieser Hinsicht nichts Unredliches täten. Aber warum verschweigt er zunächst, die Frauen schon früher einmal beherbergt zu haben? Auch seine Frau will außer ein paar unbedeutenden Kleinigkeiten nichts über die näheren Lebensumstände Saras und Esters wissen, und für die Schulden, die sie noch bei ihr hätten, besäße sie ja einen Unterpfand, ganz so wie es üblich ist. Nein, das kann kein besonders vertrautes Verhältnis gewesen sein, Hilfeleistungen hat es nicht gegeben, schon gar nicht für Frauen, die sich irgendwie verdächtig gemacht hätten. Diesen Eindruck möchten die Wirtsleute vor Gericht vermitteln, um ihre eigene Redlichkeit nicht dem geringsten Zweifel auszusetzen. Dabei nehmen sie sogar den Widerspruch in Kauf, nichts weiter über die Jüdinnen zu wissen, sich zugleich aber davon überzeugt zu geben, daß diese nicht unehrlich seien.[269]

Die drei Frauen, von denen Sara und Ester einige Hilfsleistungen empfangen hatten, verhalten sich unterschiedlich. Während Lucia Elisabeth Carlson nur kurz erwähnt, was sie für die beiden getan hat, um dann auf Verdächtigungen gegen die Jüdinnen einzugehen,[270] äußert sich Dorothea Engel über ihre Leistungen für Ester und, etwas enttäuscht, darüber, daß ihr bis jetzt noch nicht allzu viel zurückgezahlt wurde. Aktiver in ihrem Aussageverhalten zeigt sich Sabina Bocken, die ihrem Empfinden nach von Sara ausgenutzt worden war. Detailliert zählt sie auf, was sie alles für die Jüdin genäht und ihr geborgt hat, aber zusätzlich bringt sie den Koffer ins Spiel, der Sara verdächtig macht. Auch wenn sie gleich danach behauptet, von anderen Umständen nichts zu wissen, so hat sie doch von sich aus den Ermittlern einen die Jüdin belastenden Hinweis gegeben und sich damit aktiv von ihr distanziert.

Verhältnis der Zeuginnen und Zeugen zur jüdischen Herkunft der Angeklagten

Ist es für Sabina Bocken wichtig, daß es eine Jüdin war, die sich so undankbar gezeigt hat? Wie verhalten sich die Zeuginnen und Zeugen im allgemeinen zu der Tatsache, daß die Menschen, über die sie befragt werden, jüdischer Religion sind?
Dazu ist festzustellen, daß in keiner einzigen Aussage Formulierungen zu finden sind, die besonders hervorheben, daß es sich um Juden handelt oder gar zeigen, daß aus diesem Umstand bestimmte Einstellungen, Vorbehalte oder gar Vorurteile abgeleitet wurden. Selbst Catharina Linde bezieht sich in ihren zahlreichen Anschuldigungen und Verdächtigungen immer nur auf das Verhalten, die illegalen Aktivitäten der Familie, die ihr zuwider sind. Sie bringt deren ihrer Meinung nach kriminelle Lebensweise aber nicht in Verbindung zu deren Judentum. Selbst in den direktesten Denunziationen ihrerseits schimmert ein Vorurteil gegen jüdisches nicht durch:

„Es hat die Fr. Wittwe Wachtmeisterin Catharina Linde, welche schon zur Entdeckung der Wahrheit wieder Nathan David sehr viel beygetragen, noch kurz vor dem Feste mir erzählet wie sie von bemeldten <u>Nathan David</u> und seiner Familie noch ferner anzugeben wüste, daß sie bey ihrem Auffenthalt in Weding zur Maxime gehabt, diejenige Waaren und Sachen von Wichtigkeit, welche sie habhaft geworden, nicht zu verkaufen, sondern zu versetzen, mithin auf diesem Wege einen ansehnlichen Vortheil zu machen gewußt, wodurch sie zugleich befördert, daß diese also von sich gethane Sachen so leicht nicht, als diesem oder jenem zugehörig und entwandt entdecket werden können, welches bey einem Verkauf allemal weit eher zu befürchten ist, da versetzte Sachen nicht einmal zum Gebrauch angewandt werden dürfen und also nicht vor jedermanns Augen und in mehrere Hände kömmen. Sie die Fr. Wachtmeisterin Linde will wißen, daß in den Meisten Häusern zu Weding und selbst hier in der Stadt an verschiedenen Orten sich von Nathan David oder seiner Frau und dorten sich eine Zeitlang aufgehaltenen Familie versetzte Sachen an Leinen=Zeug Hausgeräthe p.p. sich befinden (…)."[271]

Oder an anderer Stelle:

„Sie habe den Nathan David allhie im Gefängniß schon vorgehalten, daß er diejenige Person wäre, die von hieraus transportiret, er habe solches frecherweise geläugnet (…) auch ihr damals gesagt, daß er einen Stein hätte, den er ihr in den Kopf werfen wollte."[272]

In ihren übrigen, z. T. weniger feindseligen Aussagen finden sich zwar viele Formulierungen wie „der Jude Nathan David", „die Jüdin" etc., jedoch niemals in einer Weise benutzt, die das Jüdisch-Sein hervorhebt. Für diese unaufgeregte Einstellung dem Judentum gegenüber spricht auch, daß Wendungen wie „die Juden-Frau" oder „die zwey Jüdinnen" unterschiedslos von allen Zeuginnen und Zeugen aus Weding, Flensburg und Rendsburg gebraucht werden, unabhängig davon, ob ihr Verhältnis zu Mitgliedern der jüdischen Familie von ihnen eher positiv oder eher negativ bewertet wird. Im Vordergrund stehen immer die Dinge, die sich ereignet oder nicht ereignet haben. Die Religionszugehörigkeit scheint nur ein Merkmal unter vielen zur Beschreibung Saras und Esters bzw. ihrer Angehörigen gewesen zu sein.

Sachlichkeit, Zurückhaltung sowie das Fehlen von Dramatik und Vorurteilen lassen sich für fast alle Zeugenaussagen feststellen,[273] obwohl doch die ermittelnde Obrigkeit, zumindest in Flensburg, eine gänzlich andere Haltung einnahm.[274]

Aussageverhalten der Jüdinnen

Sachlich und zurückhaltend ist auch das Aussageverhalten Saras und Esters. Auf die Fragen des Rendsburger Gerichts antworten sie nicht immer wahrheitsgemäß, zudem muß ihnen vieles erst deutlicher vorgehalten werden, bevor sie beispielsweise zugeben, doch mehr Schulden als zunächst angegeben in Rendsburg gemacht zu haben. Über die Herkunft der von ihnen versetzten, als gestohlen gemeldeten Sachen geben sie an, nichts zu wissen, sie im guten Glauben erworben zu haben. Das Gegenteil kann weder ihnen noch Alexander Berend, von dem Sara die Kappe und das Halstuch bekam, nachgewiesen werden. Unsicherheit zeigen die beiden nicht einmal, wenn ihre Aussagen eindeutig widersprüchlich sind, und dieses Verhalten hat auch Erfolg, das Urteil lautet lediglich auf Verweisung aus der Stadt:

„Wurde Ester herein gefordert, welche immer dabey beharrte, daß sie vom Coffre nichts wüste, und als ihr vorgehalten wurde, daß sie die im Lumbert versetzten Sachen nicht richtig angezeigt, ergab sie sie hätte sich nicht alles erinnern können. Nachdem man in ihrem Bündel eine meßingene Dose gefunden, worin einige Zettel, so wurde Sara hereingefordert, und befragt, ob sie nicht sonst noch Sachen versetzt oder hingegeben hätte? und antwortete Nein. Es wurde ihr der Zettel No 1 vorgelesen, und sie ergab darauf, die Knöpfe wären aus Alexander Berends Brusttuch und von ihr in Tondern bey Postmeister versetzt für 1 Rthlr. Auf die Frage ad No 2 ob sie einen Namens Johann Meyer kennte, antwortete sie: nein, es wäre denn etwa der Wirth irgendwo, bey dem sie logirt. Der 3te Zettel No 3 wäre eine Aufschrift an den Juden Philipp Jacob aus Elmshorn die auf No 4 specificirte Sachen hätte sie in Flensburg für eines Wachtmeisters Frau Linde genannt, versetzt und zwar bey einem Gläser Namens Meyer. Den vierten Zettel hätte Ester mit 5 Schilling in einem Beutel bey Tondern gefunden (...).
Da nach Erwegung sämtlicher derer arretirte 2 Jüdinnen Sara und Ester halber gehaltenen Verhöre à Senatu beschloßen worden, daß, wenn solche die Arretirungs-Kosten bezahlen und die im Lumbert versetzte Sammit-Kappe einlösen und zunebst dem seidenen Halß-Tuch an die Eigenthümerin unentgeltlich extradi-ren würde, so dann selbige zur Stadt hinaus gebracht, vorhero aber ihnen ernstlich bedeutet werden sollte bey Vermeidung der Zucht-Hauß-Strafe nicht wieder anhero zu kommen (...)."

Auffällig ist, daß weder Sara noch ihre jüngere Schwägerin versuchen, bei den Ermittlern Nachsicht oder Mitleid zu erreichen. Weinerliche Beteuerungen von Not und Unschuld sind nicht zu finden, statt dessen eine aufrechte und selbstbewußte Haltung. Ob diese wirklich dem entsprach, was in ihrem Inneren vorging, oder nur eine mühevoll durchgehaltene Strategie war, bleibt unklar. Der Unterschied jedenfalls zu dem Verhalten der in Begegnungen mit der Justiz unerfahrenen Ehefrau des Philipp Salomon ist unübersehbar:

„Was ihr Mann hernachher hier im Lande gemacht, wiße sie nicht, und habe nach der Zeit von Allmosen ihrer Glaubens-Genossen, und wie sie gekönnt, ihr Leben hiengehalten. Vor einem halben Jahr habe sie ihren Ehemann allhie sprechen wollen, es wäre ihr aber abgeschlagen worden, habe ihn auch weder gesehen noch gesprochen, seit dem er aus Hamburg gegangen, sondern wäre wie ein Arm Mensch bald in Schleswig, bald in Rendsburg, Kiel und allenthalben wo Juden wohnen, auf Allmosen eingegangen. (...) Den Sommer über habe sie kranck gelegen, und wäre auch itzo von schwächlichen Leibesumständen. Sie wollte von hier wieder zurückgehen und sehen, wie sie durch Allmosen ihr Brod erlangen würde. Wüßte sonsten von gar nichts und wäre so unschuldig als ein Kind von Mutterleibe."[275]

Hannas flehentliche Bitte, „ihrem Mann an Hand gehen zu dürfen", wird trotz der Beteuerung ihrer Unschuld und Hilfsbedürftigkeit nicht erhört.

Die bereits oben herangezogene Akte aus Norburg, die die Flensburger Ermittler wegen möglicher Hinweise auf die Identität Abraham Hirschs angefordert hatten,[276] zeigt Adelheid, die 19jährige Tochter des verdächtigen, aber flüchtigen Juden Jacob Moses, in ihrem Versuch, sich vor Gericht ebenfalls durch vorgeschobene Unwissenheit aus der Affäre zu ziehen. Sie behauptet,

„daß der Orth Raepstedt ihr gäntzlich unbekandt und ihr auch unwißend wäre, ob ihr Vater oder sein Camerad jemahls dagewesen, sie wiße weder wo ihr Vater jetzo sey, welcher sonst bey Gelegenheit Kleider von anderen Juden zu kauffen pflegte, umb daraus etwas zu verdienen, noch sonsten etwas von allen übrigen Umständen (...).
Sonst ist bey ermeltem Juden, so wie bey dem Mädgen bey heutigem Verhör keine sonderliche Furcht oder Embaras zu bemercken

gewesen, welches aber gestern wie sie zurück gebracht worden desto mercklicher war, so daß der Jude zitterte, auch schiene ermeltes Mädgen die Couleur etwas zu verändern als des bemelten Kirchspiel Voigts Gefährte Hans Jessen aus Trasbüll eben wie sie im Begriff wegzugehen bemerckte, daß ihr mit Fleiß umgekehrtes Schürtzkleid von des Kirchspiel Voigts gestohlenem Catun sey, welches sich auch durch Confering der Probe deutlich gezeiget, sie antwortete nur darauf, daß ihr Vater solches von einem Juden gekaufft, von welchem aber, wiße sie nicht (…)."[277]

Bemerkenswert ist hier unter anderem, daß in der Gerichtsakte die äußeren Zeichen von Furcht und Nervosität der Befragten verzeichnet sind. Diese ebenso seltene wie direkte Benennung von Gefühlen, die in einer solchen Situation nicht verwunderlich sind, verdeutlichen noch einmal die emotionale Anspannung, die das Leben am Rande der Legalität vor allem in der Konfrontation mit der Obrigkeit ständig mit sich brachte.

Adelheid und Jacob Meyer, der junge Gefährte ihres Vaters, werden in „Vewahrsam" genommen. Dem jungen Mann, von dem das Flensburger Gericht vermutet, er könne mit dem Angeklagten Abraham Hirsch identisch sein, gelingt allerdings wenig später die Flucht. Was mit der nun allein zurückgebliebenen Adelheid weiter geschah, ist nicht zu erfahren.

5.2.5. „Lebensqualität"

Die Verhöre geben Zeugnis davon, wie jüdische Frauen wie Sara und Ester sich durchschlugen und mit viel Improvisation und Selbstbewußtsein immer wieder den Weg heraus aus akuter materieller Not und der damit einhergehenden obrigkeitlichen Aufmerksamkeit finden mußten. Es hat sich gezeigt, daß sie eine Reihe von Fähigkeiten entwickelt haben, sich Überlebensmöglichkeiten zu erschließen und ihr Umfeld darin einzubeziehen. Doch welcher Art mag das Lebensgefühl gewesen sein, das diese unstete aber auch in gewisser Hinsicht ungebundene Lebensweise mit sich brachte oder diese überhaupt erst ermöglichte?

Es ist nicht einfach, das subjektive Erleben Saras und Esters aus den Nachrichten, die von ihnen überliefert sind, herauszulesen. Und doch läßt sich mitunter aus dem Verhalten der Vagantinnen auf deren Einstellung ihrem Leben gegenüber schließen. Was war außer dem bloßen „Durchkommen" wichtig für sie? Welche Gefühle mögen sie bezüglich ihrer schwierigen materiellen und familiären Situation gehabt haben, und welche Rolle spielten zum Beispiel Religion und Tradition in ihrem Handeln und Empfinden? Worin konnten sie trotz der mangelnden Kontinuität und Sicherheit möglicherweise Entspannung und Freude und damit die nötige Kraft für die anstrengende Bewältigung ihrer komplizierten Lebensumstände finden, und welche Bedürfnisse durften sie sich überhaupt zugestehen?

Materielle Bedürfnisse nach einer angenehmen Unterkunft und ausreichendem Essen werden oft im Vordergrund gestanden haben, wenn es darum ging, die jeweils nächsten Wochen oder auch nur Tage zu organisieren. Alle materiellen Annehmlichkeiten, die Sara und Ester dabei von Zeit zu Zeit erreichen konnten, waren, das lehrte ihre Erfahrung, nur von kurzer Dauer und mußten daher in dem Augenblick, da sie sich ihnen boten, genossen werden. Immerhin war man in Rendsburg bei freundlichen Wirtsleuten untergekommen und außerdem in der Lage, hin und wieder Fleisch zu kaufen. Dieses Fleisch, bei einem nichtjüdischen Schlachter gekauft,[278] wird kaum koscher gewesen sein. Im jüdischen Viertel Rendsburgs[279] dagegen wäre sicherlich koscheres Fleisch zu erhalten gewesen. Doch das Rendsburger Protokoll enthält keinerlei Hinweise darauf, daß Sara und Ester jemals dort gewesen seien. So stellt sich die Frage, ob in einem Leben, das losgelöst sowohl von jüdischen Gemeinden als auch von einem kontinuierlichen traditionell-jüdischen Familienleben, religiöse Vorschriften noch eine nennenswerte Bedeutung hatten. Die Rolle, die der jüdischen Frau von Religion und Tradition zugeschrieben wurde, war bei den Lebensumständen, in denen Sara und Ester sich befanden, ohnehin nicht einmal im Ansatz durchzuhalten. Zudem waren beide kinderlos und somit nicht in der Situation, die zentrale Aufgabe jüdischer Mütter, die häuslichen religiösen Traditionen an die nächste Generation weiterzugeben, erfüllen zu müssen.[280] Was für einen Sinn hätte es da gehabt, sich das tägliche Leben noch durch Regeln zu erschweren, die mit dem eigenem Erleben schon lange nichts mehr zu tun hatten?

Während Nathan David und seine Mitangeklagten noch immer davon sprechen, wo sie ihren Sabbath gehalten haben, und beispielsweise das Purim-Fest als Zeitangabe benutzen,[281] beziehen sich Nathans Frau und ihre Schwägerin durchweg auf christliche Feiertage. In ihren Aussagen findet sich kein einziger spezifisch jüdischer Begriff, und es existiert auch keine Zeugenaussage über ein besonderes jüdisches Aussehen, etwa die Haartracht oder die Kleidung betreffend, wobei Aussagen, die im Zusammenhang mit der Überführung und Wiedererkennung der drei in Flensburg angeklagten Männer gemacht werden, durchaus solche Identifikationsmerkmale enthalten.[282]

Ob religiöses und traditionelles Leben von Sara und Ester vermißt wurde, oder ob das Fehlen entsprechender Vorschriften als Freiheit von lästigen Verpflichtungen geschätzt wurde, ist sicherlich nicht genau festzustellen. Letzteres scheint aber angesichts des selbstbewußten und selbständigen Auftretens der beiden naheliegender zu sein, vorausgesetzt, daß sie nicht schon zu weit von ihrem Judentum entfernt waren, um sich überhaupt als davon losgelöst zu fühlen und sich der Assimilierung an ihre nichtjüdische Umgebung bewußt zu sein.[283]

Das Fehlen religiöser Orientierung entspricht dem rastlosen Leben Saras und ihrer Schwägerin. Zumindest jedoch bilden die beiden in ihrer Rendsburger Zeit eine kleine Gemeinschaft, wobei Sara aufgrund ihres Erfahrungsvorsprungs die führende Rolle spielt, beispielsweise wenn es um das Versetzen geht. Ester wird von ihr damit beauftragt. Es mag für die etwa zwanzig Jahre jüngere Schwägerin eine Entlastung bedeuten, wenn sie in Rendsburg nicht wie sonst auf ihren häufigen allein unternommenen Reisen ganz auf sich allein gestellt ist, und möglicherweise erfüllt die kinderlose Sara eine Mutterrolle, die ihr von Zeit zu Zeit in dieser Beziehung zukommt, auch wenn Ester nicht wirklich von ihr abhängig ist. Ein solcher Wechsel von Gemeinschaft und Selbständigkeit ist, in anderer Form, auch in der Beziehung der beiden Jüdinnen zu ihren nichtjüdischen Wirtsleuten und Bekannten zu beobachten. Da Sara und Ester ohne Haus und Hof oder einen handwerklichen Beruf ihrer Männer jegliche Möglichkeit zur Selbstversorgung fehlt, sind sie ständig auf die Bereitschaft ihres Umfeldes angewiesen, ihnen Unterkunft, Nahrung und was sonst noch dringend benötigt wird, gegen Bezahlung, oder eben auch gegen nur versprochene Bezahlung, zur Verfügung zu stellen. In dieser Hinsicht sind die umherziehenden Jüdinnen alles andere als unabhängig. Nur in Gemeinschaft mit den nichtjüdischen Menschen ihres jeweiligen Umfelds können sie ihr Überleben einigermaßen sichern. Jedoch sind sie oftmals in der Lage, dieses Umfeld zu wählen. Darin sind sie weitgehend selbständig. Sie entscheiden, wem sie vertrauen können und wollen, schätzen ab, welche Kontakte von Vorteil sein könnten, und verhalten sich entsprechend. Dabei jedoch müssen sie immer die Balance zwischen dem Streben nach materiellem Vorteil und dem Bemühen um die Loyalität ihrer Bekanntschaften halten. Dies, nämlich die Notwendigkeit, einerseits ständig nach wirtschaftlichem Gewinn Aussschau halten zu müssen, und die Befürchtung, dabei andererseits die Sympathie, die sie davor schützt, angeschwärzt zu werden, zu verspielen, ist ein großes Hindernis für die Entwicklung tiefergehender Freundschaften und echten Vertrauens, sowohl von seiten der Jüdinnen als auch von seiten der christlichen Frauen, zu denen sie Kontakte knüpfen. Gewisse Vorbehalte gegenüber dem Fremden, dem anderen Lebensstil bleiben trotz einiger Gemeinsamkeiten wie finanzieller Nöte und der Zugehörigkeit zu unterprivilegierten Schichten, ebenso wie die Furcht, übervorteilt zu werden. Eine solche - wenngleich vielleicht nicht immer bewußte - Habachtstellung beider Seiten erschwert den beiden Jüdinnen entspannte Kommunikation mit nichtjüdischen Frauen.

Bei all der Anspannung, die ihr vagierender Lebensstil mit sich bringt, sind jedoch Bereiche der Entspannung[284] durchaus wichtig, und es ist wahrscheinlich, daß Sara und Ester mit der Zeit Strategien entwickelt haben, auch kurze Episoden menschlicher und materieller Sicherheit trotz fehlender Beständigkeit auszukosten. Daß dieser Prozeß bewußt abgelaufen ist, dürfte kaum anzunehmen sein. Vielmehr wird diese Anpassung der Bedürfnisse an die Lebensumstände mit ihren Möglichkeiten und Grenzen schon während des Aufwachsens der beiden Jüdinnen begonnen haben.
Ein Leben, das sich ständig zwischen Legalität und Kriminalität bewegen muß, wäre unerträglich, hätte man ein tiefes Bedürfnis nach „geordneten Verhältnissen". Die Unmöglichkeit langfristiger Planungen kann aber nicht nur Lebensängste hervorrufen, sondern bei entsprechender Haltung auch eine Entlastung bedeuten. Der Wunsch nach tiefen und beständigen menschlichen Beziehungen, der ständigen und verläßlichen Gegenwart vertrauter Menschen, würde, wenn er den Vagantinnen bewußt wäre, ihnen wegen seiner Unerfüllbarkeit all die Energien rauben, die sie benötigen, um wenigstens das zu bekommen, was möglich ist. Die Tatsache, daß der Begriff „Spaß" von Sara verwendet wird, als es gilt, sich glaubhaft vor Gericht zu verteidigen, demnach also ein für sie durchaus nicht exotisches Gefühl darstellt, sondern ein von ihr selbst erfahrener Zustand ist, zeigt ihre Fähigkeit, ihr Bedürfnis nach Lebensfreude und Leichtigkeit zumindest hin und wieder zu decken, auch

wenn die äußeren Bedingungen eigentlich permanent Anlaß zur Verzweiflung böten.

Selbstbewußt durch ihr unstetes Leben zu gehen, sich dem zu stellen, was kommt, auf ihr Improvisationstalent zu vertrauen und Momente des Glücks zu genießen, den ständigen Wechsel von Orten, Menschen und Tätigkeiten weniger als Mangel an Geborgenheit denn als Ungebundenheit zu empfinden, sind die Voraussetzungen, um zumindest dann und wann Lebensfreude zu empfinden, vielleicht über einen Gang durch die Felder zu den entlegenen Dörfern bei Sonnenschein oder über ein Dach über dem Kopf bei einem Wolkenbruch. Freude über gelungene kleine Geschäfte, ergatterte Kaffeebohnen und guten Tee oder ein wertreiches Kleidungsstück gehört dazu, ebenso wie ein Wiedersehen mit dem Mann und anderen Angehörigen oder ein freundliches Gespräch etwa mit der hilfsbereiten Rendsburger Wirtin.

Wie nah all diese Vermutungen, die letztlich auf der Annahme gewisser „Grundkonstanten" menschlichen Lebens beruhen, den wirklichen Empfindungen Saras und Esters kommen, bleibt ungewiß. Dennoch bieten sie eine Möglichkeit zur Erklärung der selbstbewußten Bewältigung schwierigster Lebensumstände durch Frauen der jüdischen Unterschicht, denen für die Frühe Neuzeit von der bisherigen Forschung ganz andere Lebens- und Verhaltensweisen zugeschrieben werden.

6. Schlußbetrachtung

Die Auswertung der Flensburger Akten läßt den Schluß zu, daß für die Jüdinnen der Unterschicht Assimilation eine viel alltäglichere Erfahrung war als für Frauen, die sich aufgrund stabilerer materieller Verhältnisse gemäß den jüdischen religiösen und traditionellen Vorstellungen verhalten konnten. Für diese war es ein kraftzehrendes und Mut erforderndes Unterfangen, sich aus der jüdischen Häuslichkeit zu lösen. Um 1800 wagten einige Frauen wie Rahel Varnhagen und Henriette Herz aus bessergestellten und bereits teilweise emanzipierten, aber strenggläubigen jüdischen Familien den Schritt in Kreise des aufgeklärten deutschen Bürgertums.[285] Jedoch blieben sie, obwohl einerseits akzeptiert und bewundert, selbst von den aufgeklärtesten und freisinnigsten deutschen Dichtern und Denkern, die sich für die Gleichberechtigung der Juden einsetzten, aufgrund ihrer jüdischen Herkunft diskriminiert. Immer wieder gab es antisemitische Äußerungen in den Kreisen, in denen die Jüdinnen sich bewegten, und sie litten ein Leben lang darunter, nie ganz dazu zu gehören. Sie hatten teilweise mit ihren Familien gebrochen, lehnten ihr Judentum ab, ließen sich taufen, heirateten Nichtjuden und blieben dennoch und trotz all ihrer Leistungen auf kulturellem Gebiet letztlich unakzeptiert. Sie hatten durch ihre „offenen Häuser", in denen fortschrittlich denkende und „gleichgesinnte" Menschen wie Wilhelm von Humboldt, Clemens und Bettina Brentano und Ludwig Tieck zu Gesprächen über Literatur, Kunst und Philosophie zusammenkamen, eine wichtige gesellschaftliche Funktion inne und waren dennoch „über gewisse Grenzen hinaus nicht gesellschaftsfähig".[286] Ihre Assimilationsversuche waren ganz bewußt unternommene Schritte gegen Widerstände sowohl der christlichen als auch der jüdischen Gesellschaft.

Es hat den Anschein, als ob Frauen wie Sara und Ester ihrer jüdischen Herkunft weitaus weniger Beachtung schenkten, sich weitaus unkomplizierter in ihrer nichtjüdischen Umgebung bewegten und wirklichen Antijudaismus lediglich von Seiten der Obrigkeit und auch nur indirekt, d.h. durch die Strukturen erlebten. Dabei handelte es sich nicht einmal um eine etwaige deutlich antijüdische Haltung des Königs oder Landesherren, sondern eher um die Interessen und Vorurteile der „mittleren Ebene", der Gerichte, der Ordnungshüter, der Handwerks- und Handelsorganisationen, welche das Judentum bekämpften.

Jüdische vagierende Frauen waren eigentlich prädestiniert für Ablehnung und Diskriminierung aus vielen Gründen und von vielen Seiten. Die volle Härte antijüdischer Vorurteile bekamen, soweit es in den Gerichtsakten verzeichnet ist, allerdings nur ihre Männer zu spüren, als in Flensburg gegen sie prozessiert wurde. Der Rendsburger Prozeß gegen Sara und Ester verlief undramatisch und ohne protokollierte judenfeindliche Äußerungen. Als Vagantinnen und Fremde, als Jüdinnen aus zwielichtigem Milieu, erfuhren sie erstaunlich viel unaufgeregte Toleranz durch Menschen der Rendsburger Unterschicht, und als Frauen galten sie in ihrer Familie als selbständig handelnde Mitglieder. Warum auch hätte eine Familie in so schwierigen materiellen Lebensumständen darauf bestehen sollen, daß sich die Frauen nicht an der Suche nach Verdienstmöglichkeiten legaler oder illegaler Art beteiligten? Das Vagieren war zur damaligen Zeit eine weitverbreitete Lebensform und oftmals die einzige Möglichkeit zur Subsistenzsicherung, für jüdische ebenso wie für nichtjüdische Arme, Männer und Frauen.

Es wäre ein Widerspruch zu der in der jüdischen Religion anerkannten Stärke der Frauen, wenn ausgerechnet Jüdinnen der Unterschicht sich nicht der Realität ihrer Lebenssituation hätten stellen sollen, indem sie diese Stärke auch außerhalb des familialen Umfelds einsetzten.

7. Anhang

7.1. Gedruckte Quellen

Corpus Constitutionum Regio Holsaticarum, Bd. 1, Altona 1749.

7.2. Archivalische Quellen

Stadtarchiv Flensburg 37g, Nr. 39 - 41	„Crim: Proceß contra 3 Juden, P:S, N:D & A:H A. 1764 = 1768 mit 2 Nebenbändern"
Stadtarchiv Rendsburg X. 3, Nr. 190 XII. 3, Nr. 1	Untergerichtsprotokolle „Concession zu Introducirung eines Lumberts oder Leih-Hauses in der Stadt Rendsburg und Confirmation der desfälligen Articuln. Sub Dato Hirschholm den 15ten Junii, 1742"
ebd.	Bescheid für die Schutz-Juden in Rendsburg Elckan Jacob und Israel Samuel Jonas Copenhagen, den 26ten Martii 1757.
Landesarchiv Schleswig Abt. 47.5, Nr. 46	Spruchtätigkeit der Juristischen Fakultät der Universität Kiel 1760/61
Abt. 102.1	Meldorfer Actuariatsarchiv, Gerichtsprotokolle, Nr. 201

7.3. Literaturverzeichnis

Breuer, Mordechai, Frühe Neuzeit und Beginn der Moderne, in: Michael A. Meyer, Deutsch-jüdische Geschichte in der Neuzeit, Bd. 1: Tradition und Aufklärung, München 1996.

Daniel, Ute, Quo vadis, Sozialgeschichte? Kleines Plädoyer für eine hermeneutische Wende, in: Winfried Schulze (Hg.), Sozialgeschichte, Alltagsgeschichte, Mikro-Historie, Göttingen 1994, S. 54 - 64.

Danker, Uwe, Actenmäßiger Bericht von einer zu Kiel im Umschlag 1725 ertappten Diebes-Rotte, in: Demokratische Geschichte 4 (1989), S. 27 - 49.

Danker, Uwe, Räuberbanden im Alten Reich um 1700. Ein Beitrag zur Geschichte von Herrschaft und Kriminalität in der Frühen Neuzeit, Frankfurt/Main 1988.

Davis, Natalie Zemon, Drei Frauenleben, Berlin 1996.

Dinges, Martin, Der Maurermeister und der Finanzrichter: Ehre, Geld und soziale Kontrolle im Paris des 18. Jahrhunderts, Göttingen 1994.

Dressel, Gert, Historische Anthropologie. Eine Einführung, Wien/Köln/Weimar 1996.

Faassen, Dina van, Jüdisches Frauenleben in Lippe bis 1858, in: Lippische Mitteilungen aus Geschichte und Landeskunde 62 (1993), S. 129 - 160.

Gay, Ruth, Geschichte der Juden in Deutschland: Von der Römerzeit bis zum Zweiten Weltkrieg, München 1993, S. 79f.

Gerber, Barbara, Jud Süß. Aufstieg und Fall im frühen 18. Jahrhundert. Ein Beitrag zur Historischen Antisemitismus- und Rezeptionsforschung, Hamburg 1990.

Glanz, Rudolf, Geschichte des niederen jüdischen Volkes. Eine Studie über historisches Gaunertum, Bettelwesen und Vagantentum, New York 1968.

Ginzburg, Carlo und Carlo Poni, Was ist Mikrogeschichte?, in: Geschichtswerkstatt 6 (1985), S. 48 - 53.

Harck, Ole, Spuren der Juden in Schleswig, Holstein und Lübeck, in: Die Juden in Schleswig-Holstein (= Gegenwartsfragen 58), hg. v. d. Landeszentrale für Politische Bildung, Kiel 1988, S. 39 - 59.

Harck, Ole, Übersicht über jüdische Gemeinden und Denkmäler in Schleswig-Holstein, ebenda. S. 63 - 66.

Hennings, Lars, Städte in Schleswig-Holstein am Ende des 18. Jahrhunderts. Beiträge zur Wirtschafts- und Sozialgeschichte, Hamburg/Kiel 1990.

Henningsen, Lars, Lebensmittelversorgung und Marktverhältnisse in Flensburg im 18. Jahrhundert, In: Flensburg. 700 Jahre Stadt, Bd. 1, hg. von der Stadt Flensburg, 1984, S. 207 - 229.

Herweg, Rachel Monika, Die Jüdische Mutter: das verborgene Matriarchat, Darmstadt 1994.

Herzig, Arno, Jüdische Geschichte in Deutschland. Von den Anfängen bis zur Gegenwart, München 1997.

Hochstrasser, Olivia, Ein Haus und seine Menschen 1549-1989. Ein Versuch zum Verhältnis von Mikroforschung und Sozialgeschichte, Tübingen 1993.

Hufton, Olwen, The Poor of France 1750-1789, Oxford 1974.

Jakubowski-Tiessen, Manfred, Die ersten jüdischen Gemeinden in Schleswig-Holstein im 17. Jahrhundert, in: Ausgegrenzt - Verachtet - Vernichtet. Zur Geschichte der Juden in Schleswig-Holstein (= Gegenwartsfragen 74), hg. v. d. Landeszentrale für Politische Bildung, Kiel 1994, S. 9 - 26.

Johannsen, Hans Martin, Studien zur Wirtschaftsgeschichte Rendsburgs, in: ZSHG 60 (1931), S. 102 - 172.

Kienitz, Sabine, Unterwegs. Frauen zwischen Not und Normen. Lebensweise und Mentalität vagierender Frauen um 1800 in Württemberg, Tübingen 1989.

Klein, Michele, „Eine Gottesgabe sind Söhne". Schwangerschaft und Geburt im Leben einer jüdischen Frau, in: Andreas Nachama, J. H. Schoeps u. E. van Voolen (Hg.), Jüdische Lebenswelten. Essays, Frankfurt a.M., 1991, S. 239 - 256.

Küther, Carsten, Menschen auf der Straße. Vagierende Unterschichten in Bayern, Franken und Schwaben in der zweiten Hälte des 18. Jahrhunderts, Göttingen 1983. (= Kritische Studien zur Geschichtswissenschaft 56, hg, von H. Berding, J. Kocka und H.-U. Wehler.)

Lange, Ulrich, Krämer, Höker und Hausierer. Die Anfänge des Massenkonsums in Schleswig-Holstein, in: Werner Paravicini (Hg.), Mare Balticum, Festschrift für Erich Hoffmann, Sigmaringen 1992.

Levi, Giovanni, On Microhistory, in: Peter Burke (Hg.), New Perspectives on Historical Writing, Padstow 1991, S. 93 - 113.

Medick, Hans und David Sabean, Emotionen und materielle Interessen in Familie und Verwandtschaft, in: dies. (Hg.), Emotionen und materielle Interessen, Göttingen, 1984, S. 27 - 54.

Medick, Hans, Mikro-Historie, in: Winfried Schulze (Hg.), Sozialgeschichte, Alltagsgeschichte, Mikro-Historie, Göttingen 1994, S. 40 - 53.

Sabean, David, Unehelichkeit, in: Berdahl/Lüdtke/Medick et. al. (Hg.), Klassen und Kultur. Sozialanthropologische Perspektiven in der Geschichtsschreibung, Frankfurt a. M. 1982, S. 54 - 76.

Sabelleck, Rainer, Soziale Versorgung von Angehörigen jüdischer Familien in norddeutschen Städten des späten 18. und frühen 19. Jahrhunderts. in: Jürgen Schlumbohm (Hg.), Familie und Familienlosigkeit. Fallstudien aus Niedersachsen und Bremen vom 15. bis 20. Jahrhundert, Hannover 1993.

Schütt, Hans Friedrich, Flensburg in der Zeit des Gesamtstaates, in: Flensburg. Geschichte einer Grenzstadt, hrsg. v. d. Gesellschaft f. Flensburger Stadtgeschichte, Flensburg 1966, S. 169 - 233.

Sievers, Kai Detlev, Vaganten und Bettler auf Schleswig-Holsteins Straßen. Zum Problem der mobilen Unterschichten an der Wende vom 18. zum 19. Jahrhundert, in: ZSHG 114 (1989), S. 51 - 71.

Schröder, Johannes von, Topographie des Herzogthums Schleswig, 2. Aufl., Oldenburg (Holst.) 1854.

Schütz, Alfred und Thomas Luckmann, Strukturen der Lebenswelt Bd. 1, Frankfurt a M., 1979.

Thomann Tewarson, Heidi, Jüdinsein um 1800. Bemerkungen zum Selbstverständnis der ersten Generation assimilierter Berliner Jüdinnen, in: Jutta Dick und Barbara Hahn (Hg.), Von einer Welt in die andere. Jüdinnen im 19. und 20. Jahrhundert, Wien 1993, S. 71 - 92.

Toch, Michael, Die jüdische Frau im Erwerbsleben des Spätmittelalters, in: Julius Carlebach (ed.), Zur Geschichte der jüdischen Frau in Deutschland, Berlin 1993.

Ulbrich, Claudia, Weibliche Delinquenz im 18. Jahrhundert, in: Otto Ulbricht (Hg.), Von Huren und Rabenmüttern. Weibliche Kriminalität in der Frühen Neuzeit, Köln 1995, S. 281 - 311.

Ulbricht, Otto, Criminality and Punishment of the Jews in the Early Modern Period, in: R. Pochia Hsia und Hartmut Lehmann (Hg.), In and Out of the Ghetto. Jewish-Gentile Relations in Late Medieval and Early Modern Germany.

Ulbricht, Otto, Die Welt eines Bettlers um 1775, in: Historische Anthropologie 2 (1994), S. 371 - 398.

Ulbricht, Otto, Einleitung. Für eine Geschichte der weiblichen Kriminalität in der Frühen Neuzeit oder: Geschlechtergeschichte, historische Kriminalitätsforschung und weibliche Kriminalität, in: ders. (Hg.), Von Huren und Rabenmüttern. Weibliche Kriminalität in der Frühen Neuzeit, Köln 1995, S. 1 - 38.

Ulbricht, Otto, Mikrogeschichte: Versuch einer Vorstellung, in: Geschichte in Wissenschaft und Unterricht 45 (1994) S. 347 - 365.

Vierhaus, Rudolf, Rekonstruktion historischer Lebenswelten. Probleme moderner Kulturgeschichte, in: Hartmut Lehmann (Hg.), Wege zu einer neuen Kulturgeschichte, Göttingen 1995, S. 7 - 27.

Waschinski, Emil, Währung, Preisentwicklung und Kaufkraft des Geldes in Schleswig-Holstein von 1226 - 1846, Neumünster 1952.

Windmann, Horst, St. Jürgen. Flensburgs Vorstadt unter der Herrschaft des Hospitals und Klosters zum Heiligen Geist, in: Kraack, Gerhard, Hospital und Kloster zum Heiligen Geist. Geschichte einer Flensburger Stiftung, Flensburg 1995, S. 330 - 370.

Wolff, Adolf Wilhelm, Eine Tortur, vollzogen zu Flensburg 1767, in: ZSHG 2 (1872), S. 333 - 350.

Wulf, Peter, Isolation - Assimilation - Emanzipation. 300 Jahre jüdisches Leben in Schleswig-Holstein, in: Dieter Lohmeier (Hg.), Isolation - Assimilation - Emanzipation. Zur Geschichte der Juden in Schleswig-Holstein 1584 - 1863, Heide 1989, S. 7 - 17.

7.4. Anmerkungen

[1] Adolf Wilhelm Wolff, Eine Tortur, vollzogen zu Flensburg 1767, in: ZSHG 2 (1872), S. 333-350.

[2] Wolff verfaßte die einzige über diesen Kriminalprozeß existierende Arbeit. Thema seines Aufsatzes ist die Folterung, die in Flensburg damals anscheinend bereits eine absolute Ausnahme war und zudem wohl auch zum letztenmal angewandt wurde. Vgl. hierzu auch unten, Kap. 4.1. Das von Wolff beschriebene Relief ist nicht erhalten, da der Gefängnisbau 1883 abgebrochen wurde. Die Entwurfszeichnung des Bildhauers Johann Thiel jedoch existiert noch (siehe Abbildung S. 7).

[3] Stadtarchiv Flensburg unter dem Aktenzeichen 37 g, Nr. 39 - 41, (ein Haupt- und zwei Nebenbände: Vol. VIa, b und c).

[4] Im Zuge der Aufklärung und der damit verbundenen Überzeugungen von der Gleichheit aller Menschen wurden die Restriktionen für die Juden teilweise aufgehoben und somit die Grundlage für eine allmähliche Emanzipation der Juden gelegt, die aber durch viele Rückschläge keine kontinuierliche Entwicklung zum Besseren bedeutete. Im Dänischen Königreich war es Johann Friedrich Struensee, der die Reformen im Sinn des aufgeklärten Absolutismus vorantrieb und 1771 die Folterung verbot. Struensee war ursprünglich Hofarzt des geisteskranken Königs Christian VII., stieg dann jedoch zum Geheimen Kabinettsminister auf. Vgl. Schütt, S. 207.

[5] Rudolf Glanz, Geschichte des niederen jüdischen Volkes. Eine Studie über historisches Gaunertum, Bettelwesen und Vagantentum, New York 1968.

[6] Sabine Kienitz, Unterwegs. Frauen zwischen Not und Normen. Lebensweise und Mentalität vagierender Frauen um 1800 in Württemberg, Tübingen 1989.

[7] So z.B. über Glückel von Hameln (um 1646 - 1724), die ihre Lebenserinnerungen in einer umfangreichen Chronik ihrer Familie festhielt. „Eine typische, und über ihre schriftlich niedergelegten Lebenserinnerungen zugleich auch die bekannteste Vertreterin der Erscheinung der frommen jüdischen Ehe-, Haus-, Geschäftsfrau und Mutter (...)" Rachel Monika Herweg, Die Jüdische Mutter: das verborgene Matriarchat, Darmstadt 1994, S. 115. Zu „Glikl" vgl. auch Natalie Zemon Davis, Drei Frauenleben, Berlin 1996.

[8] Diese Listen bilden die Grundlagen für die Annahme von Glanz, Frauen der jüdischen Unterschicht hätten stets eine traditionell häusliche Rolle ausgefüllt. Vgl. Glanz, S. 115 und 186f. Im einzelnen vgl. unten, Kap. 3.2.

[9] Uwe Danker, Räuberbanden im Alten Reich um 1700. Ein Beitrag zur Geschichte von Herrschaft und Kriminalität in der Frühen Neuzeit, Frankfurt/Main 1988, S. 267, bezieht sich hinsichtlich der Rolle jüdischer Frauen auf die Erkenntnisse von Glanz.

[10] Zur Quellenproblematik vgl. auch Kienitz, S. 21: „Die Zuverlässigkeit von Prozeßakten als Quelle ist nicht grundsätzlich gewährleistet: Im Wechsel von Frage und Antwort zwischen Justizbeamten und Angeklagten können die Selbstaussa-

gen der Betroffenen einerseits durch Ungenauigkeiten in der schriftlichen Übertragung gesprochener Sprache und andererseits durch Verständigungsschwierigkeiten zwischen den Beteiligten verfälscht worden sein, die heute nicht mehr zu korrigieren sind."

[11] Rudolf Vierhaus, Rekonstruktion historischer Lebenswelten. Probleme moderner Kulturgeschichte, in: H. Lehmann (Hg.), Wege zu einer neuen Kulturgeschichte, Göttingen 1995. S. 13; vgl. auch Alfred Schütz/Thomas Luckmann, Strukturen der Lebenswelt Bd. 1, Frankfurt a M. 1979, S. 25: „Die Wissenschaften, die menschliches Handeln und Denken deuten und erklären wollen, müssen mit einer Beschreibung der Grundstrukturen der vorwissenschaftlichen, für den - in der natürlichen Einstellung verharrenden - Menschen selbstverständlichen Wirklichkeit beginnen. Diese Wirklichkeit ist die alltägliche Lebenswelt."

[12] Vierhaus, S. 14.

[13] Vgl. auch Olivia Hochstrasser, Ein Haus und seine Menschen 1549-1989. Ein Versuch zum Verhältnis von Mikroforschung und Sozialgeschichte, Tübingen 1993, S. 280: Die „Zielvorgabe der Totalität" ist „zumindest als `Fluchtpunkt und regulative Idee' dennoch sinnvoll."

[14] Vgl. Carlo Ginzburg/Carlo Poni, Was ist Mikrogeschichte?, in: Geschichtswerkstatt 6 (1985), S. 49.

[15] Vgl. Giovanni Levi, On Microhistory, in: P. Burke (Hg.), New Perspectives on Historical Writing, Padstow 1991, S. 95: „Microhistory as a practice is essentially based on the reduction of the scale of observation, on a microscopic analysis and an intensive study of the documentary material."

[16] So beispielsweise durch Jürgen Kocka, vgl. Hochstrasser, S. 253.

[17] Vgl. ebd., S. 97 und Otto Ulbricht, Mikrogeschichte: Versuch einer Vorstellung, in: GWU 45 (1994), S. 353.

[18] Vgl. ebd.

[19] Ebd., S. 349.

[20] Vgl. ebd, S. 350. sowie Ulbricht, Die Welt eines Bettlers um 1775, in: Historische Anthropologie 2 (1994), S. 378: „Hier zeigt sich (...), daß es nicht genügt, Menschen aus der Unterschicht nur als willenlose Opfer allgewaltiger Strukturen zu sehen. Man muß auch fragen, wie sie mit ihrem unterprivilegierten Status, ihrer wirtschaftlichen Lage, ihren individuellen Benachteiligungen umgingen, wie sie darauf reagierten, wie sie sich Überlebensmöglichkeiten schufen."

[21] Hochstrasser, S. 267.

[22] Ulbricht, Mikrogeschichte, S. 353.

[23] Vgl. Hans Medick, Mikro-Historie, in: W. Schulze (Hg.), Sozialgeschichte, Alltagsgeschichte, Mikro-Historie, Göttingen 1994, S. 44f. Vgl. hierzu auch Gert

Dressel, Historische Anthropologie. Eine Einführung, Wien/Köln/Weimar 1996, S. 190: „Mit Fall- bzw. Mikrostudien wird Geschichte zunächst zu Geschichten kleiner Lebenswelten, die aber (...) in einem nächsten Schritt wieder an eine `Makroebene' angebunden werden. Zunächst werden mit der akribischen Rekonstruktion solcher Lebenswelten Kategorien und Theorien, etwa der Gesellschaftsgeschichte, relativiert. Denn die Praxis der Akteure läßt sich nicht mehr mit Überbegriffen wie `Klasse' und `Schicht' allein fassen und in die getrennten Bereiche `Politik', `Wirtschaft' und `Kultur' einteilen."

[24] Ulbricht, Mikrogeschichte, S. 356.

[25] Vgl. Vierhaus, S. 21.

[26] Hochstrasser, S. 296.

[27] Vierhaus, S. 15.

[28] Vgl. ebd., S. 23.

[29] Vgl. auch Ute Daniel, Quo vadis, Sozialgeschichte? Kleines Plädoyer für eine hermeneutische Wende, in: W. Schulze (Hg.), Sozialgeschichte, Alltagsgeschichte, Mikro-Historie, Göttingen 1994, S. 57.

[30] Vgl. auch Ulbricht, Mikrogeschichte, S. 357.

[31] Kienitz, S. 17.

[32] Daniel, S. 60.

[33] Vgl. Ulbricht, Mikrogeschichte, S. 348.

[34] Zitiert nach ebd.

[35] Hochstrasser, S. 271.

[36] Ulbricht, Mikrogeschichte, S. 364.

[37] Solche Besonderheiten liegen beispielsweise in dem späten Zeitpunkt der Ansiedlung von Juden in Schleswig-Holstein und dem Fehlen des sonst überall für Juden erhobenen Leibzolls. Vgl. auch Manfred Jakubowski-Tiessen, Die ersten jüdischen Gemeinden in Schleswig-Holstein im 17. Jahrhundert, in: Ausgegrenzt - Verachtet - Vernichtet. Zur Geschichte der Juden in Schleswig-Holstein, hg. v. d. Landeszentrale für Politische Bildung, Kiel 1994, S. 23: „Wie sich ihre Existenzbedingungen in ihrer neuen Heimat künftig entwickeln würden, konnten die Juden, die im 17. Jahrhundert in den Herzogtümern vor Verfolgung und Tod Zuflucht suchten, nicht wissen. So blieb für sie trotz der im Vergleich zu anderen Ländern hervorragenden Privilegien immer ein Rest existentieller Unsicherheit bestehen (...)."

[38] In der Frühen Neuzeit, im Zuge des Territorialisierungsprozesses, war das Judenschutzrecht vom Kaiser auf die einzelnen Landesherrschaften übergegangen. Vgl. Jakubowski-Tiessen, S. 10f.

[39] Die Aschkenasim wurden auch deutsche bzw. hochdeutsche Juden genannt, vgl. ebd. S. 16.

[40] Bei dem Aufbau der ersten jüdischen Gemeinden in Schleswig-Holstein wurde auch von den Juden selbst auf eine klare Trennung von Aschkenasen und Sepharden geachtet, boten doch ihr so unterschiedlicher kultureller Hintergrund sowie die Auseinandersetzungen in der Auslegung der Religionsvorschriften und somit der Einstellung zur nichtjüdischen Umwelt zuviel Konfliktstoff für ein funktionierendes jüdisches Gemeindeleben. Auf die Gründe für diese Unterschiede, die in der Geschichte der beiden Gruppen liegen, soll hier nicht näher eingegangen werden. Eine kurze Beschreibung dieser Hintergründe findet sich bei Jakubowski-Tiessen, S. 15f.

[41] Vgl. Peter Wulf, Isolation - Assimilation - Emanzipation. 300 Jahre jüdisches Leben in Schleswig-Holstein, in: Dieter Lohmeier (Hg.), Isolation - Assimilation - Emanzipation. Zur Geschichte der Juden in Schleswig-Holstein 1584 - 1863, Heide 1989, S. 10.

[42] Vgl. Jakubowski-Tiessen, S. 22.

[43] Vgl. hierzu Hans Martin Johannsen, Studien zur Wirtschaftsgeschichte Rendsburgs, in: ZSHG 60 (1931), v.a. S. 147ff und Jakubowski-Tiessen, S. 17, über die Rendsburger Kramerkompagnie: „Unterstützung bekamen die jüdischen Bewohner immer wieder von der dänischen Regierung, die ihnen die einmal gewährten Privilegien trotz aller Beschwerden seitens der Rendsburger Kramerkompagnie uneingeschränkt beließ."

[44] Vgl. Jakubowski-Tiessen, S. 23.

[45] Neben der großen und traditionsreichen Altonaer Gemeinde waren im 17. Jahrhundert in den Herzogtümern Schleswig und Holstein Gemeinden in Glückstadt, Friedrichstadt, Elmshorn, Moisling und Rendsburg jüdische Gemeinden gegründet worden. Vgl. auch Ole Harck, Übersicht über jüdische Gemeinden und Denkmäler in Schleswig-Holstein, in: Die Juden in Schleswig-Holstein, hg. v. d. Landeszentrale für Politische Bildung, Kiel 1988, S. 63 -66.

[46] Vgl. Lars Hennings, Städte in Schleswig-Holstein am Ende des 18. Jahrhunderts. Beiträge zur Wirtschafts- und Sozialgeschichte, Hamburg/Kiel 1990, S. 99f. Eine erste Nachricht über die dortige Synagoge liegt aus dem Jahr 1732 vor; dazu auch Jakubowski-Tiessen, S. 22 und Ole Harck, Spuren der Juden in Schleswig, Holstein und Lübeck, in: Die Juden in Schleswig-Holstein (= Gegenwartsfragen 58), hg. v. d. Landeszentrale für Politische Bildung, Kiel 1988, S. 43.

[47] Vgl. Harck, Übersicht, S. 64.

[48] Vgl. u .a. Jakubowski-Tiessen, S. 15.

[49] Vgl. Mordechai Breuer, Frühe Neuzeit und Beginn der Moderne, in: Michael A. Meyer, Deutsch-jüdische Geschichte in der Neuzeit Bd. 1. Tradition und Aufklärung, München 1996, S. 15: „In erstaunlich kurzer Zeit war das aschkenasische Judentum, das bis Anfang des 11. Jahrhunderts nur eine unbedeutende Randstellung in der jüdischen Welt eingenommen hatte, zu einem wichtigen und einflußreichen jüdischen Zentrum geworden. Es entwickelte sich ein Sondercharakter, der im wesentlichen in drei Bereichen seinen Ausdruck fand: Da war vor allem die Gemeindeorganisation, die sich frühzeitig auf eine Art ausbildete, wie sie bis dahin ohne Beispiel war."

[50] Vgl. hierzu die Aussage Nathan Davids, der seine Kindheit in „Wollin an der Neumärckischen Gräntze" verbrachte: „Seinen Vater habe er nicht gekannt, weil solcher bey seiner, des Inquisiti Kindheit gestorben. Seine Mutter wäre eine Wittwe gewesen, und die Gemeine hätte selbige unterhalten, und ihn zur Schule gehen lassen." Art. Inq. 23, Vol. VIb, B (Abschrift), Original in VIa. Zu jüdischen Bruderschaften und anderen gemeindeinternen Institutionen vgl. Breuer, S. 166-170.

[51] Vgl. ebd., S. 234.

[52] Zu Einzelheiten dieses „Pletten"- oder auch Billettenwesens und zu den sogenannten „Schnorrjuden" vgl. Glanz, S. 135 und Breuer, S. 234f.

[53] Vgl. Glanz, S. 134.

[54] Vgl. ebd., S. 131.

[55] „Drueckender aber als alle diese Auflagen ist die Notwendigkeit, solche oft Unsaubere, Sieche, Ansteckungskranke in seinem Haus und Zimmer die Essenszeit ueber zu haben, ihren zudringlichen, oft aeusserst unverschaemten Forderungen und ihren Klatschereien blossgestellt zu sein, wodurch sie Freunde und Verwandte bei ihrem Herumirren oft hintereinander zu hetzen wissen, um von der Leichtgläubigkeit oder Eitelkeit des einen oder andern Teils Vorteil zu ziehen." Joseph Isaac, jüdischer Buchhändler aus Franken 1790, zitiert nach Glanz, S. 133.

[56] Vgl. Breuer, S. 234. Vgl. hierzu auch Arno Herzig, Jüdische Geschichte in Deutschland. Von den Anfängen bis zur Gegenwart, München 1997, S. 136: „Zur Abschaffung der strukturellen Armut konnte diese Armenfürsorge jedoch kaum beitragen. Immer mehr Juden sanken in der zweiten Hälfte des 18. Jahrhunderts in Armut, so daß am Ende dieses Jahrhunderts wohl über die Hälfte der Juden in Deutschland dazu zählte." und ebd.: „Wie es zu der allgemeinen Verarmung unter den Juden kam, was mit den Armen geschah und wie sich deren Leben abspielte, ist noch kaum erforscht."

[57] Vgl. ebd., S. 235. Der Unterschied zu den Zahlen nichtjüdischer Vaganten ist allerdings nicht sehr groß, vgl. Carsten Küther, Menschen auf der Straße. Vagierende Unterschichten in Bayern, Franken und Schwaben in der zweiten Hälfte des 18. Jahrhunderts, Göttingen 1983, S. 38: „Man kann (...) davon ausgehen, daß

Mitte des 18. Jahrhunderts in Bayern etwa 8% der Gesamtbevölkerung weitgehend auf der Straße lebten, deswegen von der Obrigkeit kriminalisiert wurden, und daß ihr Anteil zum Ende des Jahrhunderts auf ca. 10% anstieg. In den kleinen Staaten des fränkischen und schwäbischen Kreises lagen die entsprechenden Werte um vielleicht 2% bis 3% höher."

[58] Vgl. Glanz, S. 129.

[59] Vgl. Jakubowski-Tiessen, S. 17.

[60] Zitiert bei Menachem Friedman, in: Michael 2 (1973), hebr. Teil, Seite 34. Hier zitiert nach Breuer, S. 235.

[61] Vgl. Glanz, S. 130 und 136.

[62] Vgl. z.B. die Maßnahmen Preußens aus dem Jahr 1750, Breuer S. 235; hierzu auch Herzig, S. 136: „... schon aus der ersten Hälfte des 18. Jahrhunderts gibt es Beispiele dafür, daß Gemeinden vom Landesherrn die Ausweisung ihrer verarmten Juden, die das Geleitgeld nicht mehr aufbringen konnten, verlangten."

[63] Vgl. Glanz, S. 134.

[64] Bemerkung des jüdischen Buchhändlers Joseph Isaac aus Franken, 1790, zitiert nach ebd.

[65] So z.B. in Altona, vgl. Ulrich Lange, Krämer, Höker und Hausierer. Die Anfänge des Massenkonsums in Schleswig-Holstein, in: Werner Paravicini (Hg.), Mare Balticum, Festschrift für Erich Hoffmann, Sigmaringen 1992, S. 318.

[66] Gewebte Spitzen und leinene oder seidene Tücher gehörten ebenso dazu wie Kaffeebohnen und Brillen. Zu der großen Vielfalt an Waren, die per Hausierhandel in die Dörfer gelangten, vgl. Lange, S. 319f.

[67] Auch andere Vagantengruppen wie Musikanten waren aufgrund dieser belebenden Funktion sehr beliebt. Vgl. Kai Detlev Sievers, Vaganten und Bettler auf Schleswig-Holsteins Straßen. Zum Problem der mobilen Unterschichten an der Wende vom 18. zum 19. Jahrhundert, in: ZSHG 114 (1989), S. 60.

[68] Corpus Constitutionum Regio Holsaticarum, Bd. 1, S. 679-699.

[69] Ebd. , S. 699-701.

[70] Zu den fließenden Übergängen zwischen verschiedenen Formen jüdischer Marginalexistenz vgl. auch Barbara Gerber, Jud Süß. Aufstieg und Fall im frühen 18. Jahrhundert. Ein Beitrag zur Historischen Antisemitismus- und Rezeptionsforschung, Hamburg 1990, S. 62: „Juden, die geregeltem Erwerb nachgingen, aber es innerhalb der ihnen gesteckten Rahmenbedingungen - zu denken ist beispielsweise an das Verbot offene Läden zu halten - nur zum kleinen `Schacherhändler' bringen konnten, fielen in der allgemeinen Einschätzung gleichfalls

unter die Marginalexistenzen. Ihnen wurde in der Regel jedwede Nützlichkeit abgesprochen. Zudem bestand zwischen den Hausierern, Trödlern, Mäklern einerseits, den Bettlern und Landstreichern am Rande der Legalität andererseits in der sozialen Wirklichkeit ein Kontinuum."

[71] Vgl. auch Sievers, S. 65.

[72] Solche Banden hat beispielsweise Uwe Danker detailliert beschrieben. Da aber hochprofessionelle Räuber mit ihren Kontakten und Interdependenzen u.a. zur jüdischen Elite auch als eine Art Oberschicht gesehen werden können, soll hier nicht weiter auf diese Art der Kriminalität eingegangen werden.
Vgl. auch Herzig, S. 136: „Die Bedeutung der jüdischen Gaunerbanden ist schon von den Zeitgenossen überschätzt worden. Der Historiker Hermann Arnold zählt fünf jüdische Banden in hundert Jahren."

[73] Aussagekräftige Statistiken liegen für das 18. Jh. nicht vor. Einzelne lokale Studien lassen jedoch darauf schließen, daß zwar der Anteil der angezeigten Delinquenten unter den Juden um etwa ein Drittel größer war, als bei Nichtjuden, eine wirklich signifikant höhere Straffälligkeitsrate aber nicht festzustellen ist. Vgl. Otto Ulbricht, Criminality and Punishment of the Jews in the Early Modern Period, in: R. Po-chia Hsia und Hartmut Lehmann (Hg.), In and Out of the Ghetto. Jewish-Gentile Relations in Late Medieval and Early Modern Germany, S. 51f.

[74] Vgl. ebd., S. 52f.

[75] Breuer, S. 237, vgl. auch Ulbricht, S. 58. Diese Meinung wird seit der Studie von Glanz, vgl. oben, Anm. 8, allgemein vertreten, ohne daß weitere Untersuchungen erfolgt sind.

[76] Vgl. die Auswertung von Signalementslisten durch Glanz in Kap. 10, der allerdings für getaufte Jüdinnen mehr Hinweise auf Delinquenz findet, ebd. S. 184.

[77] Goetz, 1929, zitiert nach Herweg, S. 10, „stellvertretend für eine Fülle deutschsprachiger Schriften über die Rolle der jüdischen Frau, die zwischen 1870 und 1930 zumeist aus der Feder gebildeter und im jüdischen Gemeindeleben engagierter Laien entstanden sind", ebd. S. 9.

[78] Goetz zitiert nach ebd., S. 10f.

[79] Herweg, S. 79.

[80] Vgl. auch Michael Toch, Die jüdische Frau im Erwerbsleben des Spätmittelalters, in: Julius Carlebach (Hg.), Zur Geschichte der jüdischen Frau in Deutschland, Berlin 1993, S. 44.

[81] Zu den Unklarheiten bezüglich der korrekten Wiedergabe ihres Namens vgl. Zemon Davis, S. 15f.

[82] Herweg, S. 129.

⁸³ Vgl. Toch, S. 44f.

⁸⁴ Zur sozialen Versorgung Angehöriger durch schutzjüdische Familien vgl. Rainer Sabelleck, Soziale Versorgung von Angehörigen jüdischer Familien in norddeutschen Städten des späten 18. und frühen 19. Jahrhunderts, in: Jürgen Schlumbohm (Hg.), Familie und Familienlosigkeit. Fallstudien aus Niedersachsen und Bremen vom 15. bis 20. Jahrhundert, Hannover 1993.

⁸⁵ Vgl. Dina van Faassen, Jüdisches Frauenleben in Lippe bis 1858, in: Lippische Mitteilungen aus Geschichte und Landeskunde 62 (1993), S. 135.

⁸⁶ Vgl. ebd., S. 137.

⁸⁷ Vgl. Glanz, S. 188 und Ulbricht, S. 52.

⁸⁸ Vgl. hierzu und im folgenden van Faassen, S. 142ff.

⁸⁹ Ebd., S. 143f.

⁹⁰ Vgl. ebd., S. 145f.

⁹¹ Glanz, S. 186. Diese Auffassung wurde von den Autoren, die sich in der Folgezeit mit der jüdischen Unterschicht befaßten, unhinterfragt übernommen.

⁹² Ebd., S. 187.

⁹³ Es ist allerdings mehr als fraglich, ob dies auch immer der Wahrheit entsprach oder nur einen soliden Eindruck machen sollte.

⁹⁴ Glanz, S. 115.

⁹⁵ Vgl. oben, Kap. 3.1.

⁹⁶ Vgl. hierzu auch Claudia Ulbrich, Weibliche Delinquenz im 18. Jahrhundert, in O. Ulbricht (Hg.), Von Huren und Rabenmüttern. Weibliche Kriminalität in der Frühen Neuzeit, Köln 1995, S. 285. Sie betont die „Vermutung, daß zumindest in der Frühen Neuzeit Verhalten in einem viel stärkeren Maße durch die soziokulturelle Geschlechtsrolle als durch das biologische Geschlecht oder dessen psychische Disposition bestimmt wurde, daß es zwischen der Stärke und Wehrhaftigkeit, die Frauen im alltäglichen Leben unter Beweis stellten, und der Schutzbedürftigkeit, die dem damals schon verbreiteten kulturellen Leitbild von Weiblichkeit entsprach, keine Übereinstimmung gab."

⁹⁷ Nachricht nach Apenrade vom 27.3.1765, Vol. VIb.

⁹⁸ Vgl. Art. Inq. 1, 13, 14, 15, 19 und 21.

⁹⁹ Vgl. Art. Inq. 12. „Juden-Schächter" war die gängige Bezeichnung für jüdische Schlachter. Ihr Handwerk war für jüdische Gemeinden wichtig, da es koscheres Fleisch lieferte.

¹⁰⁰ „Die summarische Abhörung des Philipp Salomons Ehefrauen, vom 18ten Marty Ao 1765", Vol. VIb, C, S. 151-154.

[101] Anklageschrift § 85, Vol. VIc.

[102] „Die summarische Abhörung des Philipp Salomons Ehefrauen".

[103] Vgl. unten, Kap. 4.2.1.

[104] Vgl. Art. Inq. 10.

[105] „Des Philipp Salomons Peinliches Bekenntnis", Vol. VIa, Oktober 1767.

[106] Art. Inq. 12.

[107] Art. Inq. 7. Vgl. auch den Wortlaut in Art. Inq. 8: „Er habe keine Frau, auch keinen bestimmten Ort, wo er sich aufhalte. Seine Eltern hätten in Saldin in der Neumarck gewohnet, bey denen er bis etwa in sein 14. Jahr, ferner bei seinem vor Danzig sich aufhaltenden Bruder wohl 4. bis 5. Jahre gewesen. Und darauf für sich selbst gehandelt, etwa seit 9. bis 10. Jahren."

[108] § 35 der Anklageschrift.

[109] § 50 der Anklageschrift und eine dazugehörige Fußnote. Zu den hier erwähnten Werken Johann Andreä Eisenmengers (1711) und Johann Jacob Schudts (1714) vgl. Wulf, S. 35f: „[Schudt] informiert über das Leben der Juden in Deutschland seit dem Mittelalter, ist dabei aber in den zeittypischen Vorurteilen befangen. (...) Eisenmengers Werk (...) wurde zu einer Hauptquelle für die antijüdische Polemik des 18. Jahrhunderts, da es durch die vorgebliche Autorität des gelehrten Fachmanns gedeckt zu sein schien." Beide Bücher befassen sich in diskriminierender Weise vorrangig mit den Bräuchen und der „Mentalität" der Juden.

[110] Vgl. hierzu § 52 der Anklageschrift :"Dieses ist solchernach das merkwürdigste, welches zur Entdeckung des zur Strafe schon längst reif gewesenen Nathan Davids und deßen Diebischer Familie wider seine des Nathan Davids in § 35 angeführte erste fictiones auch nachhero freventliches Läugnen sich gleichwohl durch die desfalls angewandte Fiscalische Bemühungen hervorgethan und mittelst diesem hinlänglich ins Licht gesetzet werden können. Die vorigen Lebens-Umstände der Mit-Inquisiten Philipp und Abraham liegen größtentheils in Dunkelheit begraben; indeßen läßt es sich leicht erkennen, von welchem Gelichter sie sind, und welche rühmliche Tathen man bey ihnen in hinsicht ihres vorigen Lebens-Wandels und Schicksale, welches alles sie so sehr zu verbergen suchen, voraussetzen könne.
        Noscitur ex socio, qui non cognoscitur ex se".

[111] § 277 der Anklageschrift.

[112] § 56 der Anklageschrift; vgl. auch § 55:
„Es verdient annoch hierbey angeführt zu werden, was Abraham Hirsch von sich selbsten gestehet: (a)
Er habe, wie er zu seinen Verstande gekommen, zum Lernen keine Lust gehabt,

113

er habe zwar zu handeln gelernet, aber nicht ausgelernet, darum habe er sich noch gerne in Condition geben wollen, und hätte er nach Copenhagen zu reisen intendirt, um allda bey irgend einem Juden Condition zu suchen.
Ein artiger Lehr=Bursch, wozu schwerlich jemand Lust und Belieben haben wird!"

[113] § 278 der Anklageschrift.

[114] § 53 der Anklageschrift. „Jeder Vagierende [war] auch Bettler", heißt es bei Küther, S. 9. Allerdings ist in den Flensburger Gerichtsakten kein Vorwurf des Bettelns enthalten. Dies ist umso erstaunlicher, als der Ankläger kein noch so kleines Verdachtsmoment, kein Vorurteil gegen vagierende Juden ausläßt. Möglicherweise war für die drei von ihm angeklagten Juden das Betteln aufgrund dessen erniedrigender Wirkung für das Selbstbild keine wirkliche Alternative.

[115] Der weitaus überwiegende Teil der Zeugenvernehmungen stammt aus dem Jahr 1765.

[116] Da die „Peinliche Anklage" 1767 drei Jahre nach der Tat geschrieben wurde, ist diese Formulierung irreführend.

[117] Vol. VIc, erste Seite.

[118] Vgl. unten, Kap. 4.2.1.

[119] Vgl. einen Auszug aus dem Schreiben aus der Kanzlei Friedrichs V. an das Flensburger Gericht, Vol. VIa, B.n., vom Januar 1766: „Die Jüdin Hanna Jacobs hat, wegen baldiger Endschaft des wider ihren zu Flensburg inhaftirten Ehemanns Philipp Salomon angestellten Criminal-Process, wiederholte Bittschriften eingesandt. Wann aber nunmehro der Terminus von einem viertel Jahr entfloßen innerhalb welchem nach Eurem Versprechen besagte Inquisitions-Sache geendiget seyn sollte; So wollen Wir hierdurch allergnädigst, daß Ihr die Endschaft dieses Processes nunmehro mit dem allerfordersamsten beschaffet und wieweit es jetzo damit gekommen alhier anzeiget (...)".

[120] Die Constitutio Criminalis Carolina (C.C.C.), die 1532 von Kaiser Karl V. zum Reichsgesetz erhoben wurde, stellt das erste allgemeine Stafgesetz mit Strafprozeßordnung dar und blieb bis Mitte des 18. Jahrhunderts, in Norddeutschland bis 1871, in Kraft. Vgl. hierzu und zu den Charakteristika solcher Inquisitionsprozesse auch Uwe Danker, Actenmäßiger Bericht von einer zu Kiel im Umschlag 1725 ertappten Diebes-Rotte, in: Demokratische Geschichte 4 (1989), S. 33 u. 35.

[121] Die Verteidigung allerdings wirft dem Ankläger vor, abwechselnd die Carolina und das „Dänische Gesetz Regis Christiani Quinti" heranzuziehen, je nachdem, welches Werk ihm bei seinem Feldzug gegen die jüdischen Angeklagten mehr nütze. Vgl. § 28 der Verteidigungsschrift, Vol. VIc.

[122] Vgl. hierzu Wolff, v.a. S. 333-335.

[123] § 233 der Anklageschrift.

[124] „(...) so enthält derselbige doch eine so übertriebene Weitläufigkeit, die mit nichts zu entschuldigen, da denselben Kleinigkeiten, Neben Umstände und solche Dinge in großem Überfluß anzutreffen, der Sache weder etwas geben noch nehmen können, der sich ex adverso imaginierten Unwichtigkeiten und der Wiederholung 10 mahl gesagten Dinge nicht zu gedenken.", § 1 der Verteidigungsschrift.

[125] § 67 der Verteidigungsschrift.

[126] Vgl. oben, z.B. Kap. 2.5. wie auch Danker, Actenmäßiger Bericht, S. 43f zu der Situation und Einschätzung vagierender Menschen.

[127] Aus § 111 der Verteidigungsschrift.

[128] Ebd. Art. 36.

[129] Vgl. § 66 und 68.

[130] Zu Einzelheiten, wie Dauer und Methoden der Folterung, vgl. Wolff, S. 336-349.

[131] „Des Philipp Salomons Peinliches Bekenntnis".

[132] Diese Zwangsarbeit, oft beim Festungsbau eingesetzt, wurde von Zeitgenossen einer Versklavung gleichgesetzt. Vgl. unten Kap. 4.2. über den Verlobten der Schwester Nathan Davids.

[133] Vol. VIa, C.k.

[134] Vol. VIa, C.m., 25.1.1768.

[135] Vgl. VIa, C.s.

[136] Vgl. Wolff, S. 350.

[137] Vol. VIa, D.c.

[138] Vol. VIa, D.b.

[139] Obwohl sich der Inhalt von Gnadengesuchen grundsätzlich weit mehr an der Absicht des Bittstellers als an der Wahrheit orientiert, scheinen die Schilderungen Philipps über den Zustand seiner Frau nicht erfunden, allerhöchstens vielleicht etwas überzeichnet zu sein, denn es finden sich noch an anderen Stellen Hinweise auf Hannas schlechte Gesundheit.

[140] Abraham Hirsch ist nicht verheiratet, vgl. oben Anm. 107, und über seine Mutter liegen keine verwertbaren Aussagen vor. Daher wird seine Familie im folgenden keine Erwähnung mehr finden.

[141] Sara, Ester und Thobe sind nur mit ihren Vornamen erwähnt. Hanna wird einmal, in dem Schreiben aus der Kanzlei Friedrichs V., vgl. oben, Anm. 88, Hanna Jacobs und an anderer Stelle Hanna Philipps genannt, vgl. ihre Bittschriften vom

15. und 17. Juni 1767, Vol. VI.a, B.u. und das sich darauf beziehende Schreiben aus der Kanzlei Christians VII. vom Juli 1767, ebd., B.v. Die Vornamen aller vier Frauen sind für Jüdinnen gebräuchlich.

[142] Zeugenaussage der Maria Dorothea Scherfenberg; Vol. VIb, C, Januar 1765.

[143] Da solche Alters- und Jahresangaben im wesentlichen auf Aussagen Nathans und Saras beruhen und auch nicht immer ganz eindeutig sind, können die wirklichen Zahlen ein wenig von den hier errechneten abweichen. Doch trotz kleiner Ungenauigkeiten sind z.B. größere Altersunterschiede zwischen Eheleuten zuverlässig feststellbar.

[144] Vgl. Harck, S. 64 .

[145] Über Weding heißt es bei Johannes von Schröder, Topographie des Herzogthums Schleswig, 2. Aufl., Oldenburg (Holst.) 1854, S. 572: „Dorf, 3/4 M[eilen= 6 km] nordöstlich von Flensburg, A[mt] Flensburg, (...) 3 Halbh[öfe], 3 Viertelh., 2 Kathen, 1 Instenstelle und 8 auf dem Osterfelde erbaute Colonistenstellen." Weding war also Mitte des 18. Jahrhunderts ein kleines Dorf, in dem sicherlich jeder jeden kannte.

[146] Zeugenaussage Jürgen Knutzens, Vol. VIb, C, S. 67, Februar 1765.

[147] Aussage Saras, „Actum Rendsburg den 19t Mart: 1762", Vol. VIa. A.h.

[148] Hierbei handelt es sich um den Ort Jürgensbye, einen klar abgegrenzten, eigenständigen Verwaltungs- und Gerichtsbereich des Hospitals zum Heiligen Geist. Vgl. Horst Windmann, St. Jürgen. Flensburgs Vorstadt unter der Herrschaft des Hospitals und Klosters zum Heiligen Geist, in G. Kraack (Hg.), Hospital und Kloster zum Heiligen Geist, Flensburg 1995, S. 335 und ebd. S. 354: „1769 wohnten in ganz St. Jürgen 52 Kapitäne, 16 Steuerleute und 89 Matrosen. (...) Viele St. Jürgensbyer Kapitäne verfügten (...) als Hausbesitzer und Schiffseigner über beträchtliche Werte." Als wohlhabendes und schwächer kontrolliertes Gebiet eignete sich Jürgenbye zum Hausieren.

[149] Über die Zeugenaussage Catharina Lindes, Vol. VIa, A.w., April 1765.

[150] Zeugenaussage Catharina Lindes, Vol. VIa, A.x.; April 1765.

[151] Zeugenaussage Catharina Lindes, Vol. VIa, Q.

[152] Vol. A.x.; April 1765.

[153] Ebd.

[154] Zeugenaussage Catharina Lindes, Vol. VIb, C.

[155] Vol. VIb, C, Februar 1765.

[156] Vol. VIa, Q.

[157] Vol. VIb, Februar 1765.

[158] Vol. VIa, Q.

[159] „Actum Rendsburg „, März 1762, Vol. VIa, A.h., 18. - 30. März. Aufgrund des relativ geringen Umfangs dieses Dokuments wird im folgenden bei Zitaten hieraus auf eine Quellenangabe verzichtet. Quellenauszüge ohne Anmerkung stammen ausnahmslos aus diesen Rendsburger Akten.

[160] Vgl. unten, Anm. 234.

[161] Außerhalb des Neuwerks war es Juden nicht erlaubt, sich niederzulassen. Vgl. Hennings, S. 99f. Vgl. dazu auch Johannsen, S. 148f, über die Ansiedlung von Schutzjuden in Rendsburg.

[162] Gemeint ist hier aller Wahrscheinlichkeit nach ihre Schwiegermutter Thobe.

[163] Die Maß- und Währungsangaben sind an dieser Stelle unleserlich, weshalb die Wiedergabe hier fehlerhaft sein kann. Auch im folgenden ist die Identifizierung der Währungskürzel nicht einfach. Aller Wahrscheinlichkeit nach handelt es sich im wesentlichen um „Rthlr" für Reichstaler, „Mkl" für Mark lübisch und „ßl" für Schilling lübisch, jedoch ist bei den Kürzeln der Zusatz „lübisch" mitunter zweifelhaft. Zur Kaufkraft des Geldes vgl. unten, Anm. 253.

[164] Vgl. oben, Kap. 2.2.

[165] Vgl. oben, Kap. 2.2. zur Entwicklung der Armenfürsorge in den jüdischen Gemeinden und unten, Kap. 5.2.5. zur Frage des Zugehörigkeitsgefühls zur jüdischen Gemeinschaft.

[166] Das Kürzel „/" steht ebenfalls für „ßl".

[167] § 46 der Anklageschrift.

[168] „Sie wäre 48 à 49 Jahre alt", Aussage Saras am Beginn ihres Rendsburger Verhörs.

[169] Zu diesem Thema vgl. Michele Klein, „Eine Gottesgabe sind Söhne". Schwangerschaft und Geburt im Leben einer jüdischen Frau, in: A. Nachama, J. H. Schoeps u. E. van Voolen (Hg.), Jüdische Lebenswelten. Essays, Frankfurt a.M., 1991, S. 239 - 256.

[170] Vol. VIb, C, Februar 1765.

[171] Vol. VIb, C, Januar 1765.

[172] Vol. VIb, C, Februar 1765.

[173] Vol. VIb, C, Januar 1765.

[174] Ebd.

[175] Ebd., Zeugenaussage des Simon Legant.

[176] Vol. VIb, Februar 1765.

[177] Zeugenaussage der Catharina Linde, Vol. VIa, A.x., April 1765.

[178] Solche Aussagen müssen, wie erwähnt, durchaus nicht die Wahrheit wiedergeben. In Prozessen dieser Art haben nicht nur Angeklagte, sondern auch Zeugen meist etwas zu verbergen, denn auch Mitwisserschaft ist strafbar. Zum Zeugenverhalten vgl. auch unten, Kap. 5.2.4.

[179] Zeugenaussage des Jürgen Knutzen, Vol. VIb, Februar. 1765.

[180] Art. Inq. 23.

[181] Vgl. oben, Kap. 2.2. und 3.1. zur Armenversorgung in jüdischen Gemeinden und zum Stellenwert der Ehe.

[182] Vol. VIb, C, Februar 1765.

[183] LAS, Abt. 47.5, Nr. 46.

[184] Da diese Akten wieder nach Meldorf zurückgeschickt wurden und keine Abschrift in den Flensburger Akten enthalten ist und das Meldorfer Actuariatsarchiv, LAS , Abt. 102.1, I. Gerichtsprotokolle, Nr. 201 nur eine kurze Bemerkung enthält, werden hier nur die in der Flensburger Anklageschrift notierten Auszüge daraus wiedergegeben.

[185] „Hierbey ist noch zu bemerken, daß der Melldorffische Inquisit Levin Mejer es selbsten nicht in Abrede ziehen können, daß seine Frau und Kinder um und gegen die Zeit des Melldorffischen Diebstahls in dortiger Gegend gleichsam auf der Reise bey ihme gewesen, und selbige mit den dreyen entwichenen Mitcomplicen in eine solche Verbindung setzet, wodurch es bey genauer Erwägung zumal in Betracht der vordeducirten Umstände so gleich in die Augen fällt, wie diese Reise compagnons seine eigenen Kinder gewesen denn er wäre Ausgangs März vor seiner im April erfolgten Arretirung von der Gegend bey Flensburg mit Weib und Kindern weg und mit zween Juden Moses und Marcus nach Altona gegangen (...).
(...) Weiter pag: 59 bis 61 gestehet Levin Mejer auf eben diesem Herumwandern wäre er d. 10. Apr. nemlich kurz vor dem Diebstahl mit Frau und Kindern bis nach Elmshorn gegangen, von da d. 11. Apr. nach Itzehoe mit den dreyen Juden, die mit ihm auf dem Wagen bey seiner Arretirung attrapirt worden und d. 14. April sey er mit seiner Frau und Kinder wieder zu Friedrichstadt angelanget (...)", Fußnote zu § 51 der Anklageschrift.

[186] Vol. VIa, A.y., Mai 1765.

[187] Vol. VIb, C, Februar 1765.

[188] § 58 der Anklageschrift, vgl. Art. Inq. 24.

[189] „Die summarische Abhörung des Philipp Salomons Ehefrauen, vom 18ten Marty Ao 1765", Vol. VIb, C.

[190] Die Schreib- und Lesefähigkeit jüdischer Frauen in Hebräisch ist auch für diese Zeit durchaus nicht ungewöhnlich. Vgl. Ruth Gay, Geschichte der Juden in Deutschland: Von der Römerzeit bis zum Zweiten Weltkrieg, München 1993, S. 79f.

[191] Purim wird im Februar/März gefeiert und ist ein jüdisches Freudenfest. Gegenstand ist die biblische Erzählung über die Errettung der persischen Juden durch die Jüdin Esther, eine der „starken Frauen" des Alten Testaments.

[192] Art. Inq. 105.

[193] Reichstaler Kurant, vgl. Art. Inq. 110.

[194] Vgl. Vol. VIa, B.v. und den Brief aus der Kanzlei Friedrichs V., ebd., B.n.

[195] Brief Philipps aus Rendsburg vom 29. September 1768, Vol. VIa, D.b. Wenn Hanna tatsächlich nicht mehr sehen konnte, müssen die Briefe, auf die sich Philipp bezieht, von einem anderen Juden, bzw. einer Jüdin geschrieben worden sein.

[196] Brief Philipps aus Rendsburg vom 4. April 1771, ebd.

[197] „Subsidiales" aus Flensburg nach Rendsburg, Vol. VIb, C.

[198] Hanna wird im folgenden wenig Erwähnung finden, aber die Informationen, die über ihr Leben erhalten sind, ergänzen die Erkenntnisse über die Frauen aus Nathan Davids Familie zum Teil durch Parallelen, zum Teil aber auch durch Gegensätze, wie in späteren Kapiteln deutlich werden wird.

[199] Vgl. auch unten, Anm. 209.

[200] Zeugenaussage des Jürgen Knutzen, wiedergegeben in § 37 der Anklageschrift, das Originalprotokoll seiner Aussage steht in Vol. VIb, C, Februar 1765.

[201] Diese Handelstätigkeit ist aber nicht die zentrale, zumindest jedoch nicht die einzige Methode Levin Meyers, sich und seine Familie zu ernähren. Das zeigt neben dem Meldorfer Protokoll auch die Akte aus Itzehoe, LAS, Abt. 47.5, Nr. 46, in der es unter anderem über ihn heißt, er habe „sich so verschiedentlich in seinen Außagen contradiret, inem er, so viel nur diese Diebstähle allein anlanget anfänglich vorgegeben, daß er das Zinnen Geräth, so er in Kellinghusen verkauft, von einem Soldaten zwischen Itzehoe und Hohenwestädt für 1 Rthlr erhandelt, und den (silbernen) Löffel von dem Juden Jacob Moses, den rothen

Rock aber von einem Christen, der gut gekleidet, und einen ganzen Packen bey sich gehabt, für 3 Rthlr erkauffet. (...) nachher aber ratione des Zinnen Zeugs und des rothe Rocks seine Außage, unter dem Vorwandt, daß er seinen Sohn nicht anfänglich verrathen wollen, dahin abgeändert, daß sein Sohn Meier Levin Ihm solches, gleichwie der Jude Jacob Moses den Läffel zu Verkauff gethan (...) ad articulos inquisitionales hingegen letzteres wieder revociret, daß er den Löffel von den Juden Jacob Moses das Loth zu 22 Sl gekauffet (...) dabey aber auch ein solcher ist, welcher allenthalben im Lande herum streichet, keine Handthierung treibet, sondern sich seinem Vorgeben nach mit Betteln ernähret (...)".

[202] Aussage des Nathan David, Vol. VIb, C, Februar 1765.

[203] Vgl. oben, Kap 3.2.

[204] Vol. VIa, A.y., Mai 1765.

[205] § 47 der Anklageschrift.

[206] Vgl. § 50 der Anklageschrift.

[207] Vgl. ebd. und oben, Kap. 4.1.

[208] Vgl. oben, Kap. 4.2.1.

[209] Vgl. ebd. u. Anm. 169.

[210] Vgl. auch Hans Medick und David Sabean, Emotionen und materielle Interessen in Familie und Verwandtschaft, in: dies. (Hg.), Emotionen und materielle Interessen, Göttingen, 1984, S. 54 über eine Studie Herbert Gutmans, The Black Familiy in Slavery and Freedom, 1750-1925, Oxford 1976: „Besonders bemerkenswert an seinen Ergebnissen scheint, daß sie die ökonomische und emotionale Bedeutung der Verwandtschaftsbindungen bei den Besitzarmen und Besitzlosen auf die relative Schwäche umfassenderer Gemeindebeziehungen und Vereinsstrukturen beziehen."

[211] Vol. VIb, C, Februar 1765.

[212] Die Nachrichten, die von ihrer Krankheit erhalten sind, vgl. oben, Kap. 4.1.2. und 4.2., deuten auf eine schwere, fortschreitende Erkrankung hin, wobei unklar bleibt, wie lange sie schon darunter litt, und ob dieser Zustand in kausalem Zusammenhang mit ihrer Lebenssituation steht, d.h., ob Umstände wie die lange Haft ihres Mannes und die sich daraus ergebenden Schwierigkeiten Ursache für ihre körperlichen Leiden waren, oder ob hauptsächlich diese ihre Unfähigkeit bewirkten, allein zurecht zu kommen. Wahrscheinlich traf beides zu und ließ sie in eine Art Teufelskreis aus zunehmender körperlicher Schwäche, Armut und Verzweiflung geraten.

[213] Vgl. auch oben, Kap. 3.1. zur großen Bedeutung der Ehe in der jüdischen Religion.

[214] Vgl. die „summarische Abhörung" Hannas.

[215] Vgl. hierzu auch Olwen Hufton, The Poor of France, Oxford 1974, S. 25f: „(...) the natural economy of the poor was a family economy dependent upon the efforts of each individual member and one in which the role of both partners was equally crucial. To be without the apparent means, in the long run, to support a family has never been an effective deterrent to undertaking marriage. There were stronger pressures at work which need little elaboration: natural instincts, the desire for companionship, convention enforced by religion, the fear of being left alone in sickness and poverty."

[216] Vgl. oben, Kap. 4.2.1. bzgl. des „versetzten Tischzeugs".

[217] Zum Kontakt zwischen den beiden Vätern vgl. § 51 der Anklageschrift . „(...) d. 14. April sey er mit seiner Frau und Kinder wieder zu Friedrichstadt angelanget, woselbst er den daselbst wohnenden Berend Gumprecht als seines Schwiegersohns Vater nicht gänzlich zu entkennen wagen darf (...)".

[218] Vgl. hierzu auch Medick/Sabean, S. 29 und 31: „(...) Anthropologen und Historiker [gehen] zu häufig von der globalen Annahme aus, daß es sich bei Emotionen und Interessen um einander ausschließende, diametrale Gegensätze handelt. Darüber hinaus versucht man, eine solche Sicht noch zusätzlich durch eine spezifische entwicklungsgeschichtliche und klassenideologische Perspektive zu legitimieren, indem eine „moderne" emotionalisierte Kleinfamilie allzuschnell einer „traditionellen" emotionslosen Familienbeziehung entgegengestellt wird." Stattdessen sei „anzuerkennen, daß die praktische Erfahrung des Familienlebens die emotionalen und materiellen Sphären keineswegs trennt, sondern diese Erfahrungen sich gerade in deren Ineinanderwirken bilden und formieren."

[219] Die so nüchtern wiedergegebenen Aussagen Nathan Davids über Geburt und Tod seiner Kinder - vgl. oben, Kap. 4.2.1. - sind nicht als Hinweis auf fehlende emotionale Beteiligung zu werten, da im Gericht weder Tonfall noch Körpersprache oder andere Nuancen protokolliert werden und zudem die beschriebenen Ereignisse zum Zeitpunkt der Befragung schon eine ganze Zeit zurückliegen.

[220] Fußnote zu § 51 der Anklageschrift bzgl. des Meldorfer Diebstahls.

[221] Die Flensburger Ermittler vermuten, daß einer der im Norburger Prozeß angeklagten Juden, Jacob Meyer, mit Abraham Hirsch identisch ist, ein Verdacht, dessen mögliche Bestätigung in den Flensburger Prozeßakten nicht enthalten ist. Jacob Meyer war mit dem wesentlich älteren Jacob Moses und dessen Tochter Adelheid unterwegs.

[222] Actum Norburg vom August 1759, Vol. VIb, C.

[223] Elmshorn war der Ort der Hochzeit von Sara und Nathan, und in Friedrichstadt besucht Ester ihren Schwiegervater, vgl. oben, Kap. 4.2.1.

[224] § 46 der Anklageschrift.

[225] Wie sie diese Wanderungen empfand, ob sie ungern loszog, Gefahren und Beschwernisse fürchtete, ängstlich an mögliche Überfälle dachte oder eher selbstbewußt auf der Suche nach Verdienstmöglichkeiten Städte und Dörfer aufsuchte, läßt sich hier nicht klären. Dennoch wäre dieser Aspekt wichtig, um ihr Selbstverständnis und ihre Empfindungswelt etwas besser zu verstehen. Sie erzählt, wo sie die zweite und die vierte Nacht verbracht hat. Hat sie in der dritten keine Schlafstelle gefunden? Mußte sie die Nacht hindurch wandern, um rechtzeitig an ihr Ziel zu kommen? Es ist gemeinhin kein angenehmer Gedanke für eine Frau, nachts alleine über Land zu ziehen.

[226] Vgl. hierzu auch David Sabean, Unehelichkeit, in: Berdahl/Lüdtke/Medick, Klassen und Kultur, Frankfurt a. M. 1982, S. 67: „Eine solche Art von ʻÖkonomie' erforderte außerordentliche Flexibilität, die Wahrnemung gelegentlicher Jobs, dann wieder Unterbeschäftigung, kurzum Findigkeit im alltäglichen Kampf ums Überleben. Olwen Hufton hat diese Lebensweise als eine ʻÖkonomie des Notbehelfs' (economy of makeshift) charakterisiert (...)".

[227] In den Jahren 1756 bis 1763, der Zeit des Siebenjährigen Krieges, erlebten die Flensburger Frachtfahrt und damit die Kaufleute eine Blütezeit, obwohl allgemein im 18. Jahrhundert die Lebensmittelversorgung Flensburgs schwierig war und es etliche Krisen durchzustehen galt. Vgl. Schütt, S. 190, und Lars Henningsen, Lebensmittelversorgung und Marktverhältnisse in Flensburg im 18. Jahrhundert, in: Flensburg. 700 Jahre Stadt, Bd. 1, hg. von der Stadt Flensburg, 1984, S. 214 - 216.

[228] Vgl. auch oben, Kap. 2.4.

[229] Der Rückzug auf Unwissenheit ist immer noch die sicherste Möglichkeit, auf heikle Fragen zu reagieren und die vielen kleinen nicht ganz legalen Geschäfte unbewiesen zu lassen.

[230] Über die Zeugenaussage Catharina Lindes, Vol. VIa, A.w., April 1765.

[231] Leider sind in den Flensburger Akten keine Aussagen von Bewohnern Jürgensbys enthalten, obwohl man geplant hatte, diese wegen des Versetzens eingehend zu vernehmen, und zwar „bey Verlust ihrer Ehre und guten Leumunths und auf vorgängige Vorstellung der auf einer solchen falschen Versicherung gesetzten Strafe". Offenbar war es nicht im Interesse der Dörfler, ihre kleinen Abmachungen und Geschäfte mit Sara und deren Verwandten offenzulegen. Zu dieser Thematik vgl. auch unten, Kap. 5.2.3. und 5.2.4.

[232] Wiedergegeben in Vol. VIa, A.w., April 1765.

[233] Wenn in den Rendsburger Akten davon die Rede ist, daß die Jüdinnen „die meiste Zeit mit Nähen zugebracht" hätten, so ist darunter nicht die Herstellung von Kleidungsstücken, sondern das Ausbessern verschiedenster Textilien zu verstehen.

[234] Nähere Informationen über das Rendsburger Pfandleihhaus enthält ein Erlaß von Christian VI. aus dem Jahr 1742, Stadtarchiv Rendsburg XII.3, Nr.1. Der Lombard bzw. Lumbert war eine öffentliche Einrichtung. Die Einkünfte flossen teils an die Stadtkasse, teils an den eingesetzten Verwalter, Veit Weimann. Er und sein Bruder Hans Jürgen Weimann leiteten diese Einrichtung auch noch in der Zeit des Aufenthalts von Sara und Ester in Rendsburg.
Im folgenden seien kurz einige für die beiden Jüdinnen relevante Artikel aus der „Concession zu Introducirung eines Lumberts oder Leih-Hauses in der Stadt Rendsburg" wiedergegeben:

Art: 2.

Einem jeden, der etwas versetzet, wird ein Zettul, worauf nicht nur dasjenige, was gebracht, und was darauf angeliehen worden, sondern auch der Nahme des Eigenthümers und des Bringers, samt der Zeit, wann es geliefert worden, verzeichnet, auf ungestempelten Papier, oder auch gedruckt, mit des Leih-Verwalters Pettschaft und Unterschrifft zurückgegeben.

Art: 3.

Wann der Eigentümer des Pfandes den Zettul wieder bringet, soll ihm gegen Erstattung des ihm darauf geliehenen Geldes, und der pro rata verstrichenen Zeit verfallenen Zinsen das Pfand wieder heraus gegeben werden (...)

Art: 6.

Von jedem MarckL. so auf das Pfand geliehen wird, sollen alle Vier Monathe Sechs Pfennig und folglich alle Acht Monathe Ein Lß [vermutlich Schilling Lübisch] an Zinsen bezahlet werden.

Art: 17.

Und so auch etwan gestohlene Güter im Lumbert versetzet werden, woferne solches dem Lumbert-Verwalter ist angemeldet, welches durch einen von ihm zu ertheilenden Zettul, dafür ihm 12 Lß gebühren, zu bescheinigen ist, und nach der Anmeldung das gestohlene Guth in der Form geblieben, daß es dafür zu erkennen, so soll selbiges angehalten und dem Eigenthümer restituiret werde: Solte aber schon Geld darauf geliehen seyn, so wird gegen Erlegung des darauf gegebenen Geldes und der fälligen Zinsen, das Guth dem wahren Eigenthümer wieder zugestellet.

Art: 19.

Imgleichen wer in oder ausserhalb Rendsburg solche gestohlene Güther wissentlich kaufet, und es dem Leih-Verwalter nicht offenbaret und die Sachen restituiret, soll gehalten seyn, den Schaden dem Lumbert-Verwalter wieder zu ersetzen, auch überdem desfals vom Fiscal angeklaget und ohne Ansehen der Person gestrafet werden.

Art: 20.

Keinem unmündigen, oder denen das Recht der Verwaltung ihrer Güter ob irgend einer Uhrsache bekanter Massen entzogen, werden Gelder ausgethan, wohl aber Wittwen und von ihrer Hände Arbeit sich nährenden Frauens-Personen, obgleich selbige sonsten, denen Rechten nach, ohne Assistenz ihrer Curatorum nichts handeln oder vornehmen mögen.

[235] Vgl. oben die Zeugenaussagen, die sogar ihre Mutter als in dieser Tätigkeit geübt zeigen.

[236] Die Vermutung, daß es sich bei etlichen der von Sara und Ester in verschiedenen Orten versetzten Kleidungsstücke um von den Männern ihrer Familie

gestohlenes Gut handelt, liegt nahe, läßt sich aber nicht verifizieren, auch wenn sowohl im Flensburger als auch im Itzehoer Prozeß von gestohlenen Textilien die Rede ist. Vgl. oben, S. 37 und LAS, Abt. 47.5, Nr. 46.

[237] In Weding allerdings sprechen die „Nebenerwerbspfandleiher" davon, die Juden hätten die von ihnen versetzten Dinge wieder eingelöst, was jedoch nicht der Wahrheit entsprechen muß, vgl. unten, Kap. 5.2.4. zum Zeugenverhalten. Zudem war die Situation dort eine andere durch den langen Aufenthalt der jüdischen Familie und ihre Bekanntschaft mit den Einwohnern, bei denen sie Dinge in die Pfandleihe gaben.

[238] Vgl. auch unten bezüglich des Koffers und die Ausführungen der Wachtmeisterin über das Versetzen als gute Möglichkeit, Diebesgut zu Geld zu machen, da es durch die Pfandleihe nicht sofort wieder auftauche und damit zu schnell wiedererkannt würde.
Vgl. hierzu auch O. Ulbricht in seiner Einleitung zu ders. (Hg.), Von Huren und Rabenmüttern, S. 16: „Die Religions- und Konfessionszugehörigkeit ist für die Frühe Neuzeit eine weitere Kategorie, die Beachtung finden sollte, wobei die kontrovers diskutierte Haltung von Frauen zur Religion mitbedacht werden müßte. Der Unterschied zwischen jüdischen und christlichen Frauen und zwischen katholischen und protestantischen könnte durchaus von Bedeutung sein (...). Wenn es richtig ist, daß Jüdinnen ein weit zurückgezogeneres Leben führten, dann müßte es bei ihnen zu noch weniger Straftaten gekommen sein." Zur Haltung Saras und Esters, deren Leben ja durchaus nicht zurückgezogen ist, zu ihrer jüdischen Religion vgl. unten, Kap. 5.2.5.

[239] Über die Zeugenaussage Catharina Lindes, Vol. VIa, A.w., April 1765.

[240] Zeugenaussage des Peter Fries, Vol. VIa, A.y., Mai 1765.

[241] Damit hat Hans Knutzen sich geschickt aus der Affäre gezogen. Nach all den Jahren, in denen die jüdische Familie in seinem Haus gewohnt hat, wird er doch einiges zu erzählen gehabt haben.

[242] Vol. VIa, A.y., Mai 1765.

[243] Ebd.

[244] Vgl. oben, Kap. 4.2.

[245] Ob sie wirklich Wachtmeisterin von Beruf war, oder nur halboffiziell die Tätigkeiten ihres Mannes fortführte, muß unklar bleiben. Vielleicht war sie auch nur durch ihre Ehe mit einem Wachtmeister dem Beobachten besonders zugetan.

[246] Vol. VIa, A.v., April 1765.

[247] Vol. VIb, C.

[248] Vol. VIa, A.x., April 1765.

[249] Ebd.

[250] Die Pfandleihe war offensichtlich zur damaligen Zeit ein sehr beliebtes und einträgliches Geschäft, und so haben sich auch zwei Rendsburger Schutzjuden um die Konzession „zur Anlegung eines Lumberts in dem dasigen neuen Wercke", dem Wohnviertel der Rendsburger Juden (vgl. auch oben, Anm. 161), bemüht. Ihr Gesuch wurde jedoch abgelehnt, Stadtarchiv Rendsburg XII.3, Nr.1. Das Geschäft sollte wohl nicht mit ihnen geteilt werden.

[251] Zum Zeugenverhalten vgl. unten, Kap. 5.2.4.

[252] So verschweigen sie z.B. zunächst die zeitweilige Anwesenheit des seit seiner Haft in Tondern eigentlich aus dem Land gewiesenen Nathan David: „Er sey zwar nach vollendetem Prozess mit der Verwarnung die hiesigen Lande zu räumen und selbige nicht wieder zu betreten dorten ohne weitere Strafe entlaßen worden; habe sich aber seitdem mit seiner Frau Sara (...) in Rendsburg, wo sein Cammerad Sueskind, welchen Deponentin ausdrücklich des Nathan Davids Schwager nennet, in die Karre gehen müßen, heimlich aufgehalten, beym Wall im sogenannten Blauen Lamm daselbst.(...)"; Zeugenaussage Catharina Lindes, Vol. VIa, Q.

[253] Das Währungskürzel für Reichstaler an dieser Stelle klingt unwahrscheinlich, denn der Gegenwert für 6 Reichstaler war nach Waschinski fast der einer Kuh. Vgl. Emil Waschinski, Währung, Preisentwicklung und Kaufkraft des Geldes in Schleswig-Holstein von 1226 - 1846, Neumünster 1952, Tabellen 6 und 6a. Für 2 Schillinge bekam man demnach ein Pfund Rindfleisch, für 4 Schillinge 20 Eier, für 2 Mark und 1 Schilling (= 33 ß) ein Paar Schuhe und für 8 Rthlr eine Kuh. Da jedoch diese Tabellen den Durchschnittspreis von 153 Jahren (1622-1775) angeben und zudem mit Mark und Schilling ohne den Zusatz „lübisch" arbeiten, erscheinen sie als Basis für eine Analyse der Geldsummen, mit denen Sara und Ester sowie die Personen, mit denen sie handelten oder von denen sie Geld liehen, umgingen, als nicht verläßlich genug.

[254] Vgl. hierzu trotz recht verschiedenen Kontextes Martin Dinges, Der Maurermeister und der Finanzrichter: Ehre, Geld und soziale Kontrolle im Paris des 18. Jahrhunderts, Göttingen 1994, S. 9 u. 13: „Es spricht viel dafür, es [das Schuldenmachen] als weitverbreitete Praxis anzusehen, die dem Aufbau von Netzwerken gegenseitiger Verpflichtung diente (...).Wer nicht zahlte, konnte offenbar immer wieder Milde und Kredit erwarten."

[255] Diese Rechnung findet sich im Rendsburger Originalprotokoll, Stadtarchiv Rendsburg X. 3, Nr. 190, angeheftet und wurde von Sabina Bocken (auch „Baucken") am 25. März 1762 während des Prozesses, also nachträglich erstellt. Besonders bemerkenswert daran ist, ihre Überschrift: „Was ich vor den Juden Nathan ausgegen [sic] und gearbeitet habe."
Offensichtlich hatte Sara ihr die Rückzahlung des restlichen Geldes - einen Teil ihrer Außenstände hatte sie bereits durch „20 Loth Thee und Ein viertel Caffee Bohnen" beglichen - durch ihren Mann in Aussicht gestellt. Nathan war also Thema bei den geschäftlichen Kontakten zwischen Sara und Sabina. Hat Sara der

Soldatenfrau versprochen, daß ihr Mann bald käme und für ihre Schulden einstünde, oder daß die Ausbesserungen der Kleidungsstücke in seinem Auftrag geschahen? Vielleicht entspricht letzteres sogar der Wahrheit. Nathan war der Aufenthalt in Rendsburg ja nicht erlaubt. Bei heimlichen Besuchen hat er möglicherweise einige Dinge durch seine Frau regeln lassen wollen. Doch die Tatsache, daß die Ermittler sich nicht weiter für ihn interessieren, macht diese Vermutung fraglich und nicht nachprüfbar.

[256] Ob das „viele Bitten" und das „Ablocken" als eine Form des Bettelns gedeutet werden können, ist fraglich. Betteln wird, wie auch bezüglich der Männer, weder von den Anklägern noch von Zeuginnen und Zeugen erwähnt. Vgl. oben, Anm. 84.

[257] Es ist anzunehmen, daß Dorothea wußte, daß sich Esters Verlobter in der Karrenstrafe befand, da dies auch anderen Rendsburger Zeuginnen und Zeugen bekannt war.

[258] Sabina Bocken scheint ledig gewesen zu sein, da weder Name noch Beruf ihres Mannes bzw. ihre eventuelle Witwenschaft erwähnt werden, wie sonst bei Zeugenaussagen von Frauen üblich.

[259] Vgl. oben, Kap.1 zur Auswertung von Gerichtsakten.

[260] Falls Alters- und Jahresangaben stimmen, ist er quasi in ihrem Beisein aufgewachsen.

[261] Alle drei Gewerbe haben im Flensburg des 18. Jahrhunderts einen mittleren Steuerwert, gehören also, wenn auch nicht zu den ärmsten, so doch zu den Berufen, bei denen ein Nebenverdienst die Lebensverhältnisse entscheidend verbessern kann. Vgl. Hennings, S. 62f.

[262] Vgl. oben, Kap. 2.4. zu Sanktionen gegen Wirtsleute, die sich des Mitwissens schuldig machen.

[263] Vol. VIa, A.x., April 1765.

[264] Vol. VIa, A.y., Mai 1765.

[265] Vol. VIb, C, Februar 1765.

[266] Vgl. oben zum Geben und Nehmen, Zitat S. 74.

[267] Vgl. oben, Kap. 4.2.1.

[268] Es werden im folgenden einige längere Quellenauszüge, die bereits in vorangegangenen Kapiteln enthalten sind, noch einmal zitiert, um ihre Auswertung nachvollziehbarer zu gestalten.

[269] Vgl. auch oben, Anm. 252, zum Verschweigen der Besuche Nathan Davids.

[270] „So oft sie bey ihr gekommen, hätten sie nichts als ein Bündel bey sich gehabt. Sie hätten ihres Wißens derzeit hier nicht gehandelt."

[271] Vol. VIa, A.v., April 1765.

[272] Vol. VIb, C, Januar 1765.

[273] Vgl. auch Herzig, S. 139: „Das friedliche Leben war das Normale, der Konflikt die große Ausnahme."

[274] Vgl. oben, Kap. 4.1.2.

[275] Summarische Abhörung, März 1765.

[276] Vgl. oben, Kap. 5.1.3. Diese Akte enthält keine verwertbaren Hinweise auf die in Flensburg angeklagten Juden und ihre Angehörigen. Die hier und oben zitierten Auszüge allerdings erwähnen Gefühle anderer angeklagter jüdischer Menschen und sollen deshalb, da entsprechende Bemerkungen in den Flensburger Akten fehlen, als Ergänzung der Ausführungen nicht übergangen werden.

[277] Actum Norburg, Vol. VIb, C, August 1759.

[278] Vgl. die Antwort Saras auf die Frage, „ob sie hier in Rendsburg etwas schuldig?": „Ja, dem Schlachter Jacob, der neben ihr wohnete, wäre sie ohngefehr 4 Mkl für Fleisch" schuldig. Vgl. auch die Aussage der Dorothea Engel, sie „wäre etwa um Michaelis denen 2 Jüdinnen, die im Blauen Lamm logirt, und davon die eine Ester hieße, bekannt geworden, weil sie von Schlachter Fleisch gekauft."

[279] Vgl. oben, Kap. 2.2. und 4.2.

[280] Inwieweit Thobe diese Traditionen noch gelebt hat, kann leider nicht geklärt werden.

[281] Vgl. Art. Inq. 14, 15, 19 und 105.

[282] Vgl. oben, Kap. 4.1.1.

[283] Anders verhält es sich bei Hanna, die den jüdischen Traditionen aufgrund ihrer bisherigen Lebensumstände noch näher steht und dementsprechend das Jahr nach jüdischen Festtagen einteilt. Wenn sie auch einmal Ostern erwähnt, so hat sie dabei aber sicherlich das zum gleichen Zeitpunkt gefeierte jüdische Pessach-Fest im Sinn. Vgl. oben die Zitate aus ihrer Vernehmung.

[284] Die Begriffe „Anspannung" und „Entspannung" sind in ihrem gegenwärtigen extensiven und vielschichtigen Gebrauch nicht einfach auf die damalige Zeit, Mentalität und Lebensumstände anzuwenden. Sie sollen hier lediglich für ein relativ unbewußtes alltägliches Befinden und dessen Wechsel stehen.

[285] Vgl. hierzu und im folgenden Heidi Thomann Tewarson, Jüdinsein um 1800. Bemerkungen zum Selbstverständnis der ersten Generation assimilierter Berliner Jüdinnen, in: Jutta Dick und Barbara Hahn (Hg.), Von einer Welt in die andere. Jüdinnen im 19. und 20. Jahrhundert, Wien 1993, S. 71-92.

[286] Ebd., S. 55.

In der „Kleinen Reihe" der „Gesellschaft für Flensburger Stadtgeschichte" sind erschienen:

Heft 1	Gesellschaft für Flensburger Stadtgeschichte 1928-1978	1978
Heft 2	Selk, Paul: Flensburger Anekdoten	1978
Heft 3	Das Flensburger Schiffergelag	1979
Heft 4	Flensburg. Literarische Skizzen	1980
Heft 5	Philippsen, Paul: Flensburger Originale	1981
Heft 6	Kraack, Gerhard: Aus der Geschichte des Fleischerhandwerks	1981
Heft 7	Italiaander, Rolf: Hugo Eckener	1981
Heft 8	Rechtspflege und Justizverwaltung in Flensburg	1982
Heft 9	St.-Nikolai-Schützengilde 1583-1983	1983
Heft 10	Flensburg in der Zeit des Nationalsozialismus. Ausstellungsresumee	1984
Heft 11	Eine kleine Stadtgeschichte	1984
Heft 12	Biographien	1985
Heft 13	Auguste-Viktoria-Schule Flensburg 1886-1986	1986
Heft 14	Peter Christian Hansen und der Flensburger Arbeiterbauverein	1986
Heft 15	Pust, Dieter: Könige, Bürgermeister und Präsidenten	1987
Heft 16	Schröder, Wulf: Luftwaffenhelfer 1943/44	1988
Heft 17	Giessler, Gabriele: Grünanlagen und Gärten in Flensburg	1988
Heft 18	Schütt, Hans-Friedrich: Flensburger Reederverein	1990
Heft 19	Pust, Dieter: Flensburger Straßennamen	1990
Heft 20	Philippsen, Paul: Flensburg in Gedicht und Lied	1990
Heft 21	Heldt, Uwe: 125 Jahre Turn- und Sportbund Flensburg	1991
Heft 22	Vaagt, Gerd: Geschichte des Flensburger Handelsvereins	1992
Heft 23	Vrowen, kvinder, Frauen	1992
Heft 24	125 Jahre SPD in Flensburg 1868-1993	1993
Heft 25	Schwensen, Broder: 175 Jahre Stadtsparkasse Flensburg	1994
Heft 26	Pust, Dieter: Flensburg am Kriegsende 1945	1995
Heft 27	Rühmann, Hans: Von Flensburg nach Westindien	1997
Heft 28	Rossen, Hans Adolf: Leben und Erleben in einer bewegten Zeit	1998
Heft 29	Paul Ziegler - Magistratsbaurat in Flensburg 1905-1939	1998